奧茲友子 著　　楊詠婷 譯

與其急著讀空氣，
不如先讀懂自己的心

運用「故事」心理學，

找回愛自己的正確方法、走出被操控的人際困境

前言

用「故事」的力量，改變你的現狀！

奧茲友子

動輒受他人支配，一直被牽著鼻子走的生活，每一天都充滿壓力。

例如，我們經常聽到的狀況有：

「無法拒絕別人的邀約及請求。」

「過於在乎外界的反應和評價。」

「想要獲得周遭的認同，於是逼迫自己努力。」

在這樣的情況下，自己的存在被擺到了一邊，每天都活得不痛快，壓力大得隨時要爆發。除此之外，過度忍耐也會讓身心疲累不堪。

或許，正在看這本書的你，就陷入了這樣的處境。

而在我的諮商室裡，也有九成患者都遭遇了相同的煩惱，想要擺脫當前的困局。

事實上，有很多人都因為「不想給身邊的人添麻煩」、「不想被討厭」而小心翼翼、戒慎恐懼，到頭來就漸漸變成總是在迎合大家、受他人影響，忘了「自己真正想要的是什麼」。

也因為如此，即使市面上出現了各式各樣的書籍，都主張要「活得像自己」、「學會愛自己」或「聽從內心的聲音」，但「什麼是愛自己？就是我行我素、任性而為嗎？」或是「到底要怎麼做，才能聽見內心的聲音？」這樣的疑惑還是時有所見。

「說是很了解自己的心，其實並非如此。」很多人或許都有這樣的感觸吧。其實，只要從客觀的角度去探察內心，就能理解自己為什麼容易受到外界的操控，也能找到「應該怎麼做」的具體對策。

只不過，心畢竟不是肉眼可見的東西，對很多人來說，「了解自己的內心」確實並不容易。所以，接下來我要和大家分享一種可以輕鬆理解自己內心的方法，那就是——運用「隱喻」（故事）的心理學。

過去二十年來，曾有超過九千人向我諮商、或聽過我的演講。但我自己在高中時期，也曾經歷過在意他人臉色、逼迫自己扮演「好孩子」，結果失去自我，差點形成多重人格的日子。

我想改變那樣的自己，便在私底下獨自努力地鑽研心理學。

剛開始，我只是運用自學的知識為朋友提供諮商，到了大學三、四年級，竟獲得了這樣的評價——「找友子商量問題，不但可以解決煩惱，連心境都煥然一新、充滿朝氣了」，甚至還有人遠從京都來到東京向我求助。

漸漸地，我開始無法滿足於自學，想要更扎實地學習正統的心理學，於是便在大學畢業後，前往諮商心理學發展最先進的美國攻讀研究所。

在研究所時期，我學習了認知行為治療等各種心理療法，體認到日本人在語言溝通上比較含蓄，後來我便將重心放在更適合日本人的「催眠療法」（這項療法已在一九五八年獲得美國精神醫學會認證），努力累積實習經驗，並在學成歸國後正式開業提供諮商。

等著我的，是那些希望如己所願，「活出想要的人生」的人們，但他們絕大多數都活在別人的期待及影響之下，忘了自己真正想要的是什麼，完全「聽不見自己內心的聲音」。不管我問了多少問題，他們都只會回答：「我不知道自己真正想要的是什麼……」

這樣的狀況屢見不鮮，我於是開始運用以往學習的「隱喻」（metaphor）這種心理治療技巧來進行諮商。沒想到，之前對我的提問明明滿臉困惑、或只會敷衍點頭的人，竟然出現戲劇性的變化，所有人都順利表達出了「內心的想法」。

例如，有些人明白了「怎麼去面對自己的內心」，因而回答：

「這次我終於懂得，什麼叫做傾聽自己的心聲了！」

「原來所謂的『接納自己』，就是這個意思嗎？」

也有些人彷彿重新找回了自己的心，說道：

「原來我其實是想這麼做啊！」

「了解自己的內心後，我就知道怎麼跟別人相處了。」

「我終於找到自己的路，可以走向新的人生了。」

就像這樣，許多重新找回內心聲音的人們，覺得過去的日子猶如虛假謊言，在獲得夢寐以求的人生後，迎接他們的將是自在又充實的每一天。

大家覺得如何呢？

其實，「隱喻」並不是什麼困難的技巧，只是透過「故事」的形式，使人將自身處境代入其中，進而自然、客觀地去面對、察覺自己的內心。

藉由「隱喻」深刻理解了內心，就不會再輕易受他人操控、影響，時刻處於焦躁之中，也會活得更像自己，迎向自由的未來。

本書將藉由述說一個「心之王國」的故事，來幫助大家逐步讀懂自己的內心。之後，我們就能有所定見，明白應該怎麼做才不會再受他人支配，同時自然而然發現自己的心意。

書中列舉了許多我在過往諮商經驗中時常遇見的問題、反應及行為，你或許會發現其中有些狀況，自己也曾身歷其境，於是跟著附和起來——「啊，我懂我懂！」或是「原來這時候是要這樣做才好啊。」

此外，書中的每一章都是由以下三個步驟構成——

1. 王國故事（隱喻）
2. 諮商室對話（看完隱喻之後的紙上諮商）
3. 說明解析（從心理學角度提出的建議）

這會讓你感覺自己真的像是在諮商室裡進行對話，一步步深入自己的內心。就請愉快地慢慢開始閱讀吧！

那麼，大家準備好了嗎？讓我們一起出發，去你內心的王國探險吧！

偵測心的警訊

第2章 你的心，正在發出抗議
——仔細觀察，當下必有徵兆

第3章 找回愛自己的正確方法

——用新的視角開啟另一扇心窗

第4章 練習改變，與他人自在共處

——斷開糾結，人生不是二選一

三十四歲的麻理，是從事行政工作的上班族。除了經常遭受公司主管突如其來的加班攻擊，私底下的生活也處處為了顧慮別人，一直在委屈自己。

即使如此，她仍不斷激勵自己要「積極努力、正面思考」。但每天都為了別人像無頭蒼蠅一樣忙得團團轉，也讓她開始不滿，「為什麼自己總是遇到這些事」，過得很不開心，而且迷失了自己的方向。

有一天，她在上班途中發現了一間心理諮商室，突然心血來潮走了進去。就在那裡，她遇見了友子老師，也聽到了一個「心之王國」的故事……

第1章

面對心的崩壞

心突然被逼到了臨界點

自己不知不覺變成了獨裁者？

登場人物
鄰國
鄰國
心的王國
國民
（住在王國裡的人們）
公主
（王國的統治者）
鄰國
鄰國
友子老師
（諮商心理師）
麻理
（受他人支配而深感煩惱
的三十多歲女性）

故事1　王國崩壞的前奏

在某個遙遠的地方，有一個「心之王國」。

國王與王妃過世之後，由唯一的公主繼承了王位。

而這位公主，總是十分在意鄰國統治者對自己的評價。

「其他國家的國王，是怎麼看我的呢？」

公主平時總是想著這件事，對鄰國的眼光和意見非常敏感。

某一年，「心之王國」因為天候連續異常，導致稻米收成不佳。偏偏在這個時候，附近的鄰國向「心之王國」提出了要求：

「我國糧食不足，想請求貴國援助。」

那一年，每個國家都遭遇了天候異常的問題，使得稻米欠收。公主收到這個求助的訊息，決定想盡辦法，無論如何都要分出糧食給周遭的國家，便強制自己的國民要繳交更多糧食作為稅金。

結果，公主得到了鄰國國王們的熱烈讚賞——

「您真是一位善良的明君。」

「託您的福，我們國家得救了。」

「您是個了不起的公主。」

各鄰國對「心之王國」的評價大大提升，深表肯定。

公主不斷送出糧食……

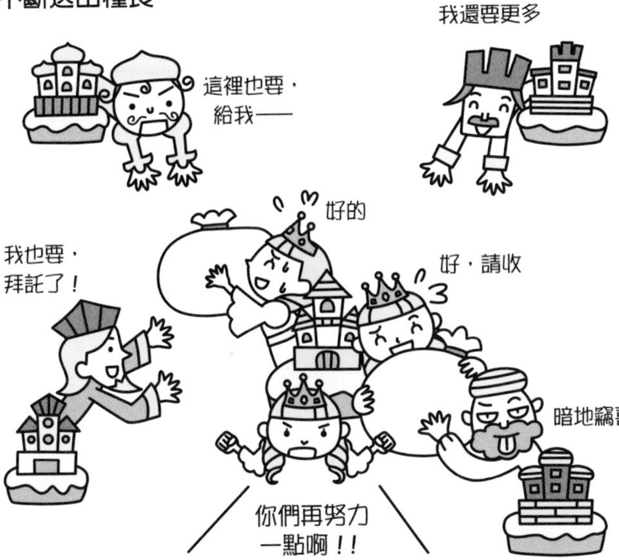

國內的情況卻是……

接下來第二年、第三年的天候仍然不佳，「心之王國」及鄰國一帶的稻米也連年欠收。即使如此，鄰國還是每年都向「心之王國」要求——「請分給我們更多的糧食」。

每次一接獲鄰國的請求，公主就會強迫國民繳交更多的糧食及稅金，極力滿足鄰國的需索。

她的國民因此完全沒有時間休息，只能日以繼夜地勞動，生活苦不堪言。城鎮裡到處是被重稅壓垮、飢餓愁苦的臉孔，許多人就這樣倒在路旁，失去了性命。

即使如此，公主仍然對國民的慘狀視而不見。

「這種日子到底什麼時候才會結束啊……」

終於，國民再也無法忍受，發出了抗議的悲鳴。

這幾年，他們沒有一天吃飽、也根本無暇休息，每個人的體力和心神都

已經到達極限，再也撐不下去了。

「再讓我們這樣又餓又累地不停勞動，所有人都會活不下去的。」

國民開始向上陳情，如此迫切的訴求自然也傳到了公主耳裡。

然而，當大臣請示公主：「國民如此向您懇求……」

無視國民感受的公主卻充耳不聞，甚至決絕地說：

「他們要是不努力的話，會給鄰國添麻煩的！」

「我怎麼能讓鄰國失望呢？」

所以，她仍然堅持「國民必須繳納更多的米糧」。

長年背負重稅的國民終於崩潰了，體力最差的老人及孩童接連倒下。

雪上加霜的是，當國民哀求著、反抗著，表示自己「再也撐不下去了」，差役們竟然將他們一個個關進了監牢。

就這樣，王國裡每個城鎮的大街小巷都陷入一片死寂。而上位者的態度就是——「不管你們說什麼，都要給我繼續納糧繳稅」，容不下任何放棄和反對的聲音。

國民當然不敢再說什麼，因為只要有人說出真心話，就會被差役帶走。

統治者就這樣無視於國民的聲音，持續壓迫著他們。

說出真話，就會被鎮壓

〈諮商室對話〉

我到底對自己做了什麼？

（光是這樣聽下來，就覺得這個公主好可惡喔！）

正當我這樣想著時，友子心理師忽然看向我問道：

「麻理，如果世界上真有這樣的國家，你覺得怎麼樣呢？」

「我會覺得太過分了。」

我直接把內心感受到的不快說了出來。

「為什麼會這樣想呢？」

「因為，哪有人會為了別的國家，去苛待自己的國民呢？」

我彷彿看到了那些堅忍樸實的人們，這麼努力卻反而遭受偏頗的待遇，心裡越想越生氣。

友子心理師只是鄭重地點了點頭，然後說道：

「你說得沒錯。那麼，如果你住在這個國家，會有什麼感覺呢？」

（誰會住在那種鬼地方啊！）

雖然我這麼想，但還是回答了：「我會覺得不可原諒。」

「為什麼不可原諒？」

「因為，公主只顧著其他國家，根本就不珍惜自己的國民！」

「只顧著其他國家？」

「沒錯，她的國民太可憐了！」

啊……我正在氣頭上，好像不小心說得太激動了。

當我正覺得不好意思，友子心理師卻看著我，肯定地說：

「你說的沒錯，我也是這麼想。」

然後她又問：「那麼……如果這個王國，就在你的心裡呢？」

「欸？」

我的腦袋瞬間一片空白。

友子心理師又認真地說了一遍。「你可以想像一下，在每個人的心中，都有一個『心之王國』。」

「嗯……」

「如果你的心中有一個『心之王國』，王國裡有公主，還有其他國民。」

「嗯……」

「那麼，你的國民現在過得怎麼樣？」

「啊！」

聽到友子心理師這麼說，我感覺眼前漸漸變暗了起來。

「呃……他們過得很慘，已經快活不下去了……」

我頓時無言以對。

我們的心中都有著一個王國

（先前那個讓我怒火中燒的公主，其實就是內心的我嗎？原來，那個可惡的公主不是別人……）

我不由得一陣暈眩。

友子心理師見我啞口無言，仍然一派鎮定地說：

「他們現在很慘吧？」

「是的……他們已經不堪負荷，全都倒下了。」

「是這樣嗎？剛才你說，你不能原諒『做出這種事的公主』，但是，如今你就正在這樣對待你自己，不是嗎？」

「嗯……雖然難以置信，但我確實是做了（汗）……」

（難怪人家說「當局者迷，旁觀者清」，我剛才還想著誰會住在那種鬼地方，結果我自己內心的那個王國就是這麼糟糕……）

如果我無法原諒
別人這麼做，
為什麼自己
卻又這麼做？

友子心理師於是又對大受打擊的我說道：

「那麼，如果你無法原諒別人的這種作為，又何以會對自己這樣呢？」

「呃……這……」

我突然不知道該怎麼回答。

我絕對不會對別人這麼做，卻對我自己這麼做了。

這是為什麼呢？

我思考了一會兒，忽然想到一個答案。

「或許是因為，我從小就被教育『不可以給別人添麻煩』吧……」

「原來如此。對你來說，【讓別人失望】＝【給別人添麻煩】是吧？」

「沒錯！所以，不管是在家庭裡、或在職場上，我一向習慣『什麼事都要自己來』。」

不管什麼事都是一肩扛

友子心理師點點頭，問道：「這樣子會比較開心嗎？」

「沒有……我心裡經常煩躁、不滿，覺得『為什麼都是我』。」

「你累積了不少壓力吧？」

「是的，我後來也負荷不了，忍不住遷怒到別人身上，結果又陷入自我厭惡的情緒裡……」

心好累，是因為一直在勉強自己

這麼說起來，我發現自己最近因為太累，好像已經很久沒笑了。
明明年輕的時候，我是那麼愛笑的人，感覺從前的日子總是充滿希望，
每天都好開心……

到底是從什麼時候開始變成這樣的？
是因為需要擔負的責任越來越多嗎？

「疲累的時候，任誰都會情緒不好，畢竟之前一直都在勉強自己。」
「我想是吧。」
「一想到不能惹人討厭、讓別人困擾，你是不是就很難向別人求助？」

「是的，很難……總覺得拜託別人做什麼，會給對方造成負擔。」

「原來如此。那反過來說，如果對方有事拜託你，而你拒絕了，你也會覺得自己讓對方難過、失望了，而變得悶悶不樂？」

「是的。」

「那你不就更難拒絕別人了嗎？」

我忍不住拚命點頭。

「就是這樣。每次只要有人拜託我、或期待我做什麼，我都很難拒絕，最後弄得自己身心俱疲，更累積了不少壓力！」

「這樣確實會累積很多壓力呢。」

「是的，所以我一直覺得好累……」

說著說著，我平時所累積的疲憊似乎一股腦湧了上來。

無法向別人求助，被別人拜託又無法拒絕……

我好像知道自己疲憊的原因來自何處了。

「而且，有時候請家人或部屬做些什麼，他們總是拖拖拉拉不肯做，還不如我自己來比較快，所以最後還是我自己做了。」

「這樣啊。可是你自己一動手，別人就更不會做了，不是嗎？」

「沒錯！所以我才會覺得『為什麼都是我……』。」

我不由得激動地傾身向前，大聲抱怨起來。友子心理師只是靜靜點了點頭，以溫和的語調說道：

「麻理，你是不是很難信任或是依賴別人？」

（呃……直接命中要害！）

「是的，很難……」

我深深地歎了一口氣。

「是從什麼時候開始的呢？」

「嗯……好像從小就這樣。」

麻理「必須扮演好孩子」的時期

「從小就這樣嗎？」

「是的，因為家裡人總說我是姐姐，所以……我只記得自己經常被罵，卻很少被稱讚……在外面也必須一直扮演好孩子。」

一邊說著，我一邊回想起小時候被迫扮演好孩子的記憶。

「原來如此。那你難過或辛苦的時候怎麼辦呢？」

「我都是躲起來，然後自己慢慢消化。」

「即使再辛苦、再難過也不吭聲，更不去依賴別人，就這樣自己慢慢熬過來……麻理，你真的好努力，這一路以來辛苦你了。」

聽到這句話的瞬間，我的眼淚突然掉了下來。

明明根本沒什麼好傷心的，我是怎麼了……

越是這麼想，我的眼淚流得越兇。

「那個……抱歉……」

這一路以來
你真的好努力
沒有……
我這樣不算什麼……
咦？為什麼眼淚直流……

話一出口，友子心理師就輕輕遞了一張面紙給我。

「哭吧，沒關係。」

我用面紙擦了擦眼淚，「不是的……我只是覺得，這世上還有比我更努力、更辛苦的人……」

我不知道該怎麼說。

友子心理師溫柔地等我冷靜下來，隔了一會兒才繼續對我說：

「那麼，我們來試著整理一下，你內心那個王國現在的狀態，好嗎？」

「好。」（不知道會怎麼樣，好害怕……）

我心裡懷著恐懼，但也意識到不這樣做，就無法前進。

「首先，我們來彙整一下今天討論過的事。

「你覺得自己【不能給鄰國，也就是周遭的人添麻煩】＝【不想讓對方失望】，所以：

- 不會主動向別人求助。
- 只要有人請求或拜託就會接受。
- 別人做不來或不想做的事，會自己努力想辦法解決。

「長久下來，你的國民已經不堪負荷、累得倒下了。是這樣沒錯吧？」

「沒錯，我想是的。」

越是客觀地分析，越覺得我的王國實在不妙。

「也就是說，你不斷接受他人的委託和請求，結果讓自己的國民疲憊困頓，陷入了跟先前故事裡的王國相同的慘況。」

「嗯，沒想到我竟然跟那個可惡的公主一模一樣。」

我忽然覺得，剛才我之所以對公主的作為大為惱火，或許有某種程度，是在對自己生氣吧……

你會怎麼看待負面的自己？

「那麼，你以前曾經有過『好累』、『再也不想做了』的念頭嗎？」

「有。」

「那個時候都怎麼辦呢？」

「我會告訴自己，這樣想也無濟於事，無論如何都還是得完成。」

「為什麼呢？」

「既然別人可以做到，我當然也必須做到。」

「因為別人看起來都沒問題，所以你也必須沒問題，是嗎？」

「畢竟人家都做到了，也完全可以接受，所以我要是做不到，不就代表我能力太差、或是抗壓性太低了嗎？……」

「原來如此。你會拿自己跟周遭看起來很能幹的人相比，然後覺得自己很糟糕，進而逼迫自己更努力。

所以，每當你感到疲累時，就會想到【周遭有很多人都做得來，自己不該沮喪抱怨】……是嗎？」

「是的，沒錯。」

我一邊回答，一邊想起自己一路都是這麼走過來的。

「這麼說來，那個會沮喪、抱怨的你到哪兒去了呢？如果用先前的王國來比喻，那些沮喪、抱怨的國民到哪兒去了呢？」

（對啊？去了哪兒呢……）

我從來沒想過這個問題，但還是回答了。

「我覺得想那麼多也沒有用，所以盡量不去思考這些事……也就是不去看，或是努力抹煞自己的感覺吧。」

「原來如此。」

友子心理師看著我說：「所以在你內心的王國裡，為了不讓外人看見，就把不停抱怨『好累啊』、『好想休息啊』的自己，關進某一座牢房，或是某個不知名的地方了？」

「我想是吧。」

（我又做了跟那個公主一樣的事……）

這麼看來，我根本就是一個萬惡的獨裁者啊！

「那麼，你是怎麼看待沮喪、抱怨的自己呢？」

「我不喜歡那樣的自己，甚至希望……那個負面的自己最好可以消失。」

「你希望『負面的自己最好消失』？」

「嗯，市面上的書不是都說要『積極努力』或『正面思考』嗎？」

「確實是。」

「但是我做不到，所以一直覺得很焦慮。」

「那麼，當你想著『負面的自己最好消失』時，心裡是什麼感覺？」

「感覺很差……覺得自己更糟糕了。」

「即使想著『沮喪抱怨的自己最好消失』，也不會更輕鬆，是吧？」

「嗯，因為根本不會消失啊，反而覺得壓力更大。」

「就是啊，然後只好去找更多心理書或自我啟發書來看。」友子心理師接著這樣說。

（欸？這不就是我嗎？）

「沒錯！每次我都會找一堆書……不是，友子老師你怎麼會知道？」

聽到我這麼說，友子心理師笑了。

「所以，你家裡有很多這種書囉？」

「是的。」

「是不是每次都只有剛讀完的那一刻變得積極，之後又行不通了？」

怎麼看待愛沮喪抱怨的自己？

「沒錯！欸？難道老師你會讀心術？」

對方不是諮商心理師嗎？難道她是占卜師？或根本是靈能者？

接著，友子心理師問我：

「如果你是抱怨『好累』、『想要休息』，結果就被關進牢房的國民，會有什麼感覺？」

剛才我還是可惡的公主，一轉眼又變成受害的國民了，感覺真是複雜。

「我會……想要被釋放。」

「這樣就行了嗎？」

「還有……希望公主能聽我說話。」

「當你聽見差役說：『還有很多其他的國民都沒倒下，也毫無怨言，只有你一直抱怨好累、想休息！像你這種人，最好從這個國家消失！』然後就把你關進牢房，你會怎麼想？」

「我會很生氣。每個人的體力不一樣，就算沒說出口，也不代表他們毫無怨言，可能是因為說了也沒用，所以才沒說啊！」

「是啊。所以，只因為『周遭的人都做得到』，就壓抑內心真實的想法（像是自己累了想要休息），不就等於是把那些抱怨『累了想要休息』的國民，一個個都給關進牢房嗎？」

「啊……真的耶！『像你這種人最好從這個國家消失』，的確和我的想法一模一樣啊。」

沒想到我又做了跟那個可惡的差役一樣的事……一想到這裡，我又再次暈眩起來。

（我到底在幹什麼啊！）

友子心理師看著我，繼續說道：「自己不但被拿來跟別人比較，最後還被關了起來，是不是會覺得很生氣？」

「嗯，會。」

然後，友子心理師又對我說：「其實，這才是讓人變得更消沉、更鬱悶的原因。畢竟，被關進牢房的怒氣也是你的一部分，只要它還在牢房裡繼續累積，就會一直在你內心留存著，永遠不會消失。」

「原來如此。所以我才會一直那麼焦慮！」

「嗯，就是這樣。」

（慘了！我把好多怒氣沖沖的國民都關進內心的牢房裡了……再這樣下去，我是不是永遠都會這麼焦慮不安？）

「必須想個辦法才行！」

我著急地問道：「友子老師，那我應該怎麼辦呢？」

「其實，這個狀況和校園霸凌很類似。」

我們都成了霸凌者？

「校園霸凌？」

我愣了一下。

「沒錯，校園霸凌。」

「被關進牢房這個部分我還可以理解，校園霸凌又是怎麼回事？」

友子心理師看著我說：

「你回想一下自己的學生時代，是不是每個班級裡都有許多不同個性和類型的同學？」

「是啊。」

「班上有的人運動神經很好，有的人很差；有的人很會念書，有的人就不太靈光；還有的人積極進取，有的人則反其道而行……大家都不一樣。」

確實如此啊～我邊想邊點頭。

「如果團體裡存在著不擅長某些事的人，他們不是做不來，就是不想做，其他同學是不是會覺得『很麻煩』？」

「很有可能。像我就不擅長運動，每次運動會都覺得自己是個累贅……所以根本提不起勁參與。運動神經很好的同學看到我這樣，說不定就會覺得『拜託你認真一點好不好』。」

「我懂我懂，我也一樣！」

聽到我這麼說，友子心理師點頭如搗蒜。

「不只是運動，還有讀書或畫畫，一定有人不拿手或沒興趣，所以態度很消極。」

「嗯，確實是這樣。」

「如果這時候，全班同學都對那個人說，『像你這種累贅，最好從班上消失』，那個孩子會有什麼感覺？」

要是我這個運動白癡在運動會上被同學嫌棄：「你這傢伙最好從班上消失！」……光是想像就讓人想哭了。

「我一定會覺得很受傷。」

「是吧？如果有一個班級會對每個跟大家不一樣的同學說：『你這傢伙最好從班上消失！』那會怎麼樣？」

「那就是霸凌了。」

「沒錯。人的內心也一樣，有的部分很積極、有的部分很消極，存在著各種不同的自己。就像你的心裡，有愛沮喪抱怨的自己，也有想要休息的自己，對不對？」

「是的。」

「那麼，聽到班上有人沮喪抱怨，就認定他『最好從班上消失』，然後把他關進牢裡；或是聽到有人要求休息，也一起把他關進來，眼不見為淨。這樣就能維持班上的和諧平靜嗎？」

「不能。」

「為什麼不能？」

「因為那就是恐怖統治或獨裁政權了……吧？」

「沒錯，那就是恐怖統治或獨裁政權了。所以，你覺得該怎麼做才好？」

「嗯──怎麼做啊……彼此接納？」

「當你沮喪抱怨的時候，班上同學對你說什麼，會讓你覺得開心呢？」

「嗯……應該是『能夠理解我的感受』吧。」

「嗯嗯，還有呢？」

「還有，不會否定我的感受，而是努力想了解我『害怕什麼？』或『為什麼不喜歡？』，這樣會讓我感到安心。」

這樣班上就能和諧平靜嗎？

「沒錯，麻理，你越來越理解自己的感覺了！你就是要這樣做！」

「就是要這樣做？」

「是的。當你沮喪抱怨時，不要否定自己的感受，而是要理解『有時候就是會這樣』，然後接納自己。

「不要急著去比較『別人都可以，為什麼自己不行？』，而是要先肯定自己在班上『可以有這種感覺』。」

「原來如此！」

「當這個班級願意接納每一個人，認為『班上有你、我這些各式各樣的同學很好』、『有時候就是會感到沮喪』，你覺得會怎麼樣？」

「這樣待在班上一定很輕鬆自在。」

「我也這麼覺得。」

友子心理師對我溫柔地笑著。

「那麼，你覺得一個『希望不同的人消失』的班級，和一個願意彼此接納和尊重的班級，哪一個在運動會上比較強？」

「當然是願意彼此接納和尊重的班級！」

我用全國高中生搶答大賽的速度大聲喊道。

（我有自信一定可以答對！）

看著身體前傾，有些激動的我，友子心理師問道：「何以見得？」

「因為關係惡劣的班級會扯彼此的後腿。」

「沒錯，當班上每個人都在霸凌別人，自然也會在運動會上表現出來。他們會互相攻擊、推卸責任，別說是團結合作了，還可能只顧著中傷對方，因此陷入嚴重的內耗。這樣的班級完全沒有競爭力。」

「應該也沒有人想待在這種班級吧。」

「沒錯，一個願意彼此接納和尊重的班級，遇到困難時反而會更團結，而且變得更強大。

「人的內心也一樣。每個人的內心都有各種不同的自己（帶著各種情緒的自己）。

「快樂及開心的自己最容易被接納，但是，每個人的內心也一定都存在著想要沮喪抱怨、覺得疲憊、希望休息、提不起勁……也就是被世間任意貼上「負面」標籤的自己。

「只有接納自己心中的每一個存在，不歧視、不否定、不輕蔑，也不跟別人比較，自己的內心才會像彼此尊重的班級那樣，獲得真正的和諧平靜。」

「真的是這樣啊～」

「一個班級如果願意接納各種不同個性的同學，就能在運動會上發揮最強大的力量。

「你若能接納每個不同的自己，也會散發出不一樣的能量。」

「難怪我最近總覺得做什麼都提不起勁……原來問題就出在這裡啊！」

我頓時恍然大悟，終於撥雲見日，發現自己煩悶的原因了。

「光是知道這個就值回票價了。」

「哈哈哈，你說的沒錯。能對自己當前的狀況了解到這個程度，已經是很大的進步了！

「那麼，今天的時間差不多了，就在這裡結束吧。」

沒想到已經過了一個半小時，我有點吃驚。

最後，友子心理師問我：

「麻理，你想改變自己內心的那個王國嗎？」

我不加思索地回答：「當然想！」

「那麼，今後我們就一起努力吧！」

友子心理師說完，給了我一個大大的笑容。

那個笑容讓我知道，自己找到了一個願意陪著我走過這段路的人，覺得非常安心。

「很謝謝你，友子老師。」

我向友子心理師行禮道謝，然後走出諮商室。

外面的空氣好像比之前更清新了。

我忍不住深深吸了一口氣，然後漫步離去。

〈諮商結束〉

來檢測一下你的「心之王國」吧！

讀到這裡，大家是不是很好奇，自己內心的那個王國又是什麼模樣呢？
接著，我們就來自我確認一下，看看你符合哪些描述吧！

- 經常覺得【讓別人失望】＝【給別人添麻煩】。
- 盡量不去請託別人，很難主動求助。
- 只要有人拜託或是表達期待，就算再疲累也不會拒絕。
- 別人做不到或不想做的事，自己會努力設法解決。
- 認真過頭導致身心俱疲，陷入焦慮不安。
- 累積太多壓力，說話變得尖酸刻薄。

•覺得「公主那樣對待國民很過分」，卻對自己這樣做。

•一旦湧出負面情緒，就會希望那個自己消失。

•很多負面的自己都被關進了牢房。

•因為太在意鄰國（周遭人們）的反應，進而勉強自己。

•經常忽視自己國民的聲音。

•自己內心的王國，很可能是意想不到的恐怖獨裁政權。

•也因此，自己似乎沒有發揮充分的能力。

0～3個——國民有獲得適當的休息。

4～7個——國民身心俱疲，王國開始呈現混亂。

8個以上——國民陷入瀕死狀態，王國即將崩壞，必須盡快修正軌道。

如果這個故事讓你產生共鳴或很有感觸，請回到第1章開頭的王國故事（19～25頁），從頭再讀一次。

現在的你，應該更容易以客觀的角度理解「自己對國民做了什麼」，讀完這短短的幾頁，或許已經讓你有了許多發現。

從自己的角度出發，其實很難立刻看清自己的內心。這時可以再讀一次最初的故事，客觀地思考：

「自己現在正對國民做了什麼？」

「公主要怎麼做，才能讓國民重展歡顏？」

你希望這個公主為你做些什麼呢？

不管是什麼，都一一說出口吧！

（如果正在電車上等不方便的地方，可以在心裡默唸）

你希望公主為你做的事，就是你希望自己為自己做的事。

第1章 重點整理

為什麼會身心俱疲？

每個人的心中，都存在著一個擁有國君和國民的「心之王國」。

如果太在意鄰國（他人）的評價及看法，就經常會擱置不理國民（自己）的幸福。

別人做了就無法原諒的事，自己卻對自己這樣做，只會讓內心走向崩壞的道路。

否定負面的自己，等於是將自己真正的心聲關進牢房裡，並不會因此和諧平靜。因為被囚禁的自己會在內心的牢房不斷累積悲傷與憤怒，始終處於焦慮不安的狀態。

願意接受所有的自己，就如同一個願意接納不同孩子的班級，可以讓自己發揮出最大的能量。

第 2 章

偵測心的警訊

你的心，正在發出抗議

仔細觀察，當下必有徵兆

故事2　內亂頻繁的危機

為了回應鄰國的需求，公主不斷無理地逼迫自己的國民，他們的不滿日益升高。

不管再怎麼努力，都看不到終點。國民沮喪又疲累，表示「自己撐不下去了」，紛紛抱怨及反抗，差役卻斥責他們：

「是不是想讓公主丟臉？」

「要是說做不到，鄰國會怎麼看我們？」

「明明別人都可以，為什麼你不行？是你的能力有問題吧？」

於是，國民一個個被囚禁起來，導致牢房人滿為患。

牢房裡的國民和牢房外的國民，都開始在討論該怎麼辦。

他們缺乏休息，又沒有充足的糧食，因而一個個都倒下了。即使如此，他們還是必須為了別的國家永無止境地勞動。

國民的不滿，終於高漲到了極點。

若是為自己的國家打拚也就罷了，現在卻因為要滿足其他國家，弄得自己的國家都要滅亡了，簡直是本末倒置。

但是，只要有人提出陳情，就會被關進牢裡。慢慢地，國民開始避開城堡的監管，私下集會。

「既然用說的行不通，那麼在國家滅亡之前，我們必須採取行動。」

這個叫做「影子會議」的行動，開始在所有國民之間擴散開來。

起初，國民認為應該讓公主了解真實的現狀，所以努力想要吸引公主的注意。他們相信，公主只是不了解而已，如果她知道、看見這些問題，一定能體會國民的艱辛。

於是，他們不再陳情，而是直接罷工，以醒目的作為表達不滿，同時也拒絕繳納糧食。很快地，這個行動遍及全國。

所有的國民都認為，這樣一來公主肯定會留意到國民的異常行為，開始關注他們。沒想到，公主完全無視於國民的處境，而是命令差役採取更嚴厲的措施。

無論罷工或進行任何抗爭，國民們最後只會被關進牢裡，國家徵收的糧食數量，還是越來越多。

他們終於發現一個悲慘的現實——「公主根本不在意自己的國民」。她的眼裡只有鄰國，對自己的國民毫不關心。

察覺到這個真相的國民也開始明白，只有靠自己的力量，才能守護及改變這個國家。

於是，叛變計畫逐漸成形。國民決定推翻現有的政權，進行革命。

即使表達了自己的感受……

公主及城堡裡的官吏根本不關心國民，所以完全沒發現他們準備叛變。

國民們制定了縝密計畫，許多在城堡內工作的人，也加入裡應外合的行列。

某個夜晚，萬籟俱寂的時刻，眾多叛軍集合到了城堡周圍。

門從裡面悄悄地被打開，所有人往城堡一湧而入。由於夜裡人不多，再加上事發突然，國民們逐一突破障礙，最後衝進了公主的房間。

公主終於和國民們面對面了。

驚嚇
…!!

〈諮商室對話〉

比起以前，身心狀況變差了？

（太棒了！國民們幹得好！）

坐在友子心理師面前的我，偷偷做出勝利的手勢。

隔了一個星期，我又來到友子心理師的諮商室。

「麻理，聽完這一段故事，你有什麼感覺？」

聽到醫生的問題，我立刻迫不及待地抬起頭回答：

「我覺得非常爽快，感覺又湧現了希望。」

和上一次不同，我開始期待起王國的未來。

（我真的能改變自己的「心之王國」嗎？）

原本我一直感到不安，但聽完這段故事，似乎又重獲了勇氣。
「喔？這段故事的哪個部分讓你看見了希望呢？」
「就是國民不肯放棄、發起行動，最後成功攻破城堡的部分吧……！」
等我說完，友子心理師點了點頭，然後認真地看著我。
「麻理，你最近的身心狀況是不是不太好？」
（嗯？這兩件事有什麼關係？）
我覺得有點困惑，但回頭想想，好像確實是如此。
最近壓力很大，夜裡睡不好，早上也起不來，一整天都疲憊難消。皮膚的狀況也不佳……還老犯肩膀痠痛及腰痛的毛病。一疲勞也會導致腹瀉，經常頭暈目眩……
冷靜回想起來，這陣子的身體狀況真的不理想。
（明明之前根本沒有談到這個話題，友子老師是怎麼知道的？）
我一邊想一邊回答：「嗯……的確不太好。」

友子心理師彷彿早就心知肚明地說：「果然如此。」

（咦？這個人該不會真的有讀心術？）

我覺得有點害怕，忍不住開口問：「那個……老師你為什麼會知道？」

友子心理師回答我：「之前我們說過，比起自己國民的狀態，你更在意其他國家的想法，對吧？」

「是的。」

「所以我早就料到，你的國民一定會做些什麼，來引起你的注意。」

「這是什麼意思……？」

〈諮商結束〉

★被壓抑的自己，終究會起而反抗

看完第2章的王國故事和痲理的反應，大家有什麼想法呢？

長期以鄰國為優先，把國民的福祉往後擱置，自然會引發國民的暴動；我們如果一直強迫自己壓抑情緒，照著「應該如此．非做不可」的準則來行動，到最後心靈和身體也會開始反抗。

用親子關係來比喻，可能比較容易理解。如果你是孩子，父母只會命令你「必須這樣、非得那樣」，完全不理會你的感受，也不准你做自己想做的事，久而久之，你應該會對父母產生反抗的心理。

同樣地，如果你因為他人的眼光及周遭（鄰國）的意見，逼迫內心的國民「必須這樣、非得那樣」，他們也會起而抗爭。

那麼，什麼樣的狀況代表內心開始反抗了呢？

接著，我們就要一起來確認徵兆是否出現了。

當內心累積了許多無意識的反抗，首先會導致身心失調。

你內心的國民為了引起你這個國君的注意，會發出許多徵兆。

剛開始的症狀（徵兆）實在太過輕微，可能會經常被你忽視。

若是一直無法傳達心聲、和你溝通，他們會開始上街抗議，沒有效果就接著罷工……除非你願意傾聽他們的意見，否則抗爭只會日益激化。

如果你繼續無視他們的連番陳情，國民會更加強烈地要求：

「聽聽我們的意見！」「不要再忽視你的國民！」

最後就會演變成暴動及叛亂。

當身心逐漸失調、經常生病，必須請假或求醫，就是因為太輕忽先前所顯現的各種徵兆，致使國民們開始鼓譟、抗議。

如果身心都快承受不住了，還是不肯改變自己的生活方式，內心的國民則會群情激憤，進而發動叛變、推翻政權。

就像國家在這種狀況下會運作停擺，你的人生也將停滯不前。

這時你可能已經生病或受創，必須動手術或住院治療，於是不得不辭掉工作，或是暫離正常的生活。

太過習以為常，便無法察覺異狀

只是，一旦我們過於習慣「應該這樣．必須那樣」的思考模式，視其為理所當然，就很難察覺自己正在壓抑內心「真正的聲音」。

當我們對某個狀況習以為常，感受就會逐漸痲痺，連自己都難以察覺，自己可能已經撐不下去了。

總是察言觀色揣摩他意、迎合對方，壓抑內心真正的感受，即使身心出現了些許失調的徵兆，自己恐怕也不會發現。

如果用王國來比喻，這就像是國民不堪重稅向國家陳情抗議，國家卻仍一意孤行，下令「一定要這樣做」，毫不理會國民的心聲，結果便引發了激烈的罷工與叛變。

同樣地，身心失調的症狀也會因為持續壓抑而加重，使人終究不得不開始正視自己的內心……這是很多現代人都會面臨的處境。

這個時候，我們的內心可說是處於「內亂頻繁」的狀態。

然而，你同時也是統治這個「心之王國」的公主，只要你願意面對另一個自己（國民），努力掌握現狀，參考國民的意見來制定政策、規則，就能讓國家走向安定與豐饒。

「那麼，到底要怎麼做，才能掌握內心的現狀呢？」

我曾經遇過許多人，都提出了這個問題。接下來我將會以他們為例，從身體和心靈兩方面提出各種詢問，讓你藉此自我檢測。

沒有人會偷窺你的想法，所以請一定要誠實回答。

★請偵測身體發出的警訊

首先要說明的，是身體上經常出現的徵兆。

不只是現在，請回想過去數個月到半年的情況。

①生活雖然平凡如常，身心狀態卻似乎不太理想——比起以前，最近有這種感受的跡象是否變多了？

明明在學生時代完全不會這樣，如今卻為了某些症狀所苦……這或許就是徵兆。例如身體上是否出現了皮膚粗糙（痘痘、蕁麻疹）、暈眩、頭痛、耳鳴、肩膀痠痛及腰痛、怕冷、腸胃不適或體況虛弱等令人在意的問題？若是這樣，就得注意「國民是不是在向你陳情抗議」了。

②體質上的弱點是不是變得更明顯了？

每個人的體質都有弱點所在，確認一下那個相對虛弱的部分是否變得更嚴重了，像是會產生疼痛，或是發作的頻率及程度增高。

如果你的國民精疲力竭，出現了叛變心理，就很容易反映在體質的弱點上。原本的老毛病會惡化，發作的頻率也會增高。例如異位性皮膚炎或過敏症狀惡化，或是從來不會過敏，現在卻開始過敏了等等。

③睡眠和食欲還正常嗎？

難以入眠、睡著後又會驚醒（明明還睡不夠），經常一大早醒來或者做惡夢，不管睡多久還是一身疲累……這就是所謂的睡眠障礙。睡眠狀態若一直不安定，很容易引發憂鬱症，所以千萬不能輕忽，要多給自己一些放鬆、舒緩的時間。

壓力一旦過大，也常會影響食欲，不是不想吃，就是反過來吃得太多。

一旦飲食上出現這些狀況，也是內心的國民開始抗議的證據。

靠吃紓壓雖然有一時的效果，但長期來看無益於健康，只能算是治標不治本。非要大吃大喝才能放鬆，代表在生活中的其他部分有著太多忍耐及壓抑，這時更應該放慢腳步、稍安勿躁，拋開「必須這樣・應該那樣」的想法，別再勉強自己去「堅持」或「努力」了。

④是否出現了原因不明的壓力性身心失調？

感覺身心失調而就醫，卻找不出原因，只說是壓力造成的……我在諮商室曾遇過很多這樣的患者。「生病」，就是身體「生出疾病」，這時一定要觀察自己的內心，看看「國家是否不堪負荷？」或「勉強承受太多了？」。

心理負荷超載而未及時消化的人，往往會腸胃不適，女性還有蕁麻疹、異位性皮膚炎等症狀，一旦外表可見的皮膚變糟了，便不想在人前露臉。如果狀況惡化到讓人不敢出門，「心之王國」很可能已經發動了革命，想讓你哪裡都去不了，也無法面對人群……這個時候，一定要先按下暫停鍵。

有些人即使身體出了狀況，還是會勉強自己撐下去，除非病到必須向公司請假、症狀嚴重到不能出門，甚至是直接倒下、非得住院動手術了，否則他們都不會停下腳步，好好開始面對自己的內心。

這是心聲受到壓抑的國民所發動的革命叛變，就像是強制關機。

意志堅強、努力不懈的人，身體狀況要是不糟糕到某個程度，根本就沒有勇氣休息，所以很容易導致這種強制關機的最壞結果。

⑤女性是否出現令人在意的婦科疾病？

在我過去所接觸的女性患者中，身體的叛變經常會反映在婦科疾病上。原因為何至今還不清楚，不過可能和女性的生活方式發生重大變化有關。

回顧數百萬年的人類歷史，男性負責外出工作（遠古時是狩獵），女性負責社交、育兒及家務的時期相當漫長。像現代這樣，女性和男性一起在外工作的歷史，其實非常短暫。

人類確實是平等的，但男性和女性之間，無論身體或大腦的構造，還是有很大的差異。男性在肌力與體力上占優勢，女性則要經歷月經及懷孕、生產，如果要求她們和男性做同樣的事，經常會對她們的身心造成男性所感受不到的負荷。

然而，長年習慣鞭策自己的人，以周遭為基準、一定要達成目標的人，責任感強烈、什麼事都要自己來的人，或是經常加班、認真拚命的人，都會忽視「自家國民的聲音」（「好累！好想休息！」），把「應該做的事」、「必須達成的結果」放在前面。

也因此，在不知不覺中，他們的國民已經落得身心俱疲。

婦科疾病很難自我發現、判別，所以要定期檢查子宮及乳房，降低罹患相關疾病的風險。

★請確認心靈反映的徵兆

內心的聲音比較容易影響身體還是心靈，狀況會因人而異。確認過身體的警訊後，接著就來看看心靈上、精神面會出現什麼樣的徵兆吧！

①從前不在意的事，現在突然會耿耿於懷，感到焦慮的事也變多了？

以往毫不在乎的事，突然開始介意，或是對很多事都感到焦慮不安，代表內心的國民正處於過度壓抑的狀態。為了滿足鄰國的需求，逼迫自己的國民不停付出，會使他們「再也無法忍受！」而心生不滿，這樣的怒氣會逐漸累積、壓縮，讓內心變成堆滿負面情緒的壓力鍋。

不斷壓抑負面情緒，雖然還可以勉強度日，但只要發生了什麼事，一個不小心啟動壓力鍋的開關，裡頭積壓的怒氣就會像氣爆一樣，「轟」地猛烈爆發出來。

這些被壓抑的負面情緒原本就一直在尋找爆發的機會，這也是為什麼原本不會煩躁、焦慮的事，突然間就變得令人難以忍受。

如果發現自己比起以往更容易失去耐性，或是對旁人說話的口氣變得惡劣，事後又懊悔萬分，就是自家國民精疲力竭、難以忍受的徵兆了。這時如果還責備國民「為什麼要說那種話……」、「不應該這樣說」，只會讓他們一再壓抑，完全無法解決問題。

他們缺乏的不是「耐性」，而是「正視情緒的機會」，也就是「活得更真實的機會」。

想化解這樣的狀況，第一步可以在每天的行事曆上，訂下一段「以自己為優先」的時間。習慣把「他人擺中間，自己放一邊」的人，如果不這樣做，很容易就會被周遭的人事物占掉屬於自己的時間。

一旦壓力累積過了頭，
只要稍微受到一點刺激，
負面情緒就會一口氣爆發出來

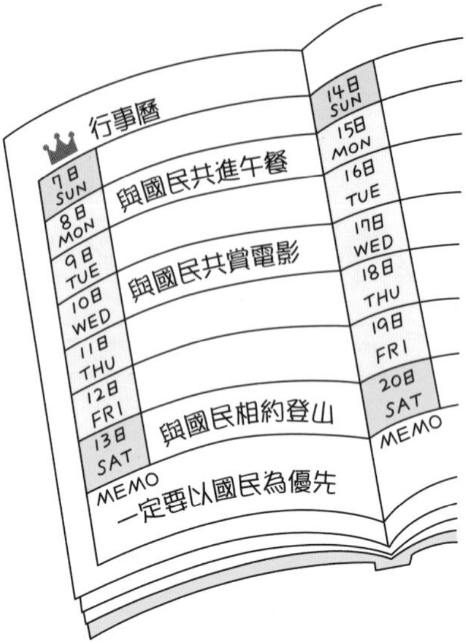

此外，即使沒有他人的牽制，這種人也常會忽視內心的需求，忘記為自己保留空檔。所以，最好先在行事曆上訂好「與國民共進午餐」、「與國民相約登山」等「與民同樂」的時間。若是破壞和國民們的約定，將會招致負面的後果，所以一旦無法配合，就要當場重新調整計畫。

② 比起以前，是否更會羨慕別人的幸運和成功？

以前看到別人發生好事，還能真心地祝福對方，現在卻會拿自己相比，羨慕對方「真好、真幸運」，甚或嫉妒對方的成功，這也代表你內心的國民已經疲累不堪了。若以王國來比喻，就是當鄰國的國民每天都吃得飽飽的，還能充分休息，自己卻一直處於飢餓困頓、日夜勞動的狀態……我們當然會心生羨慕，覺得「鄰國的國民真是幸福啊」。要是再看到他們開心享用美食的模樣，更會逐漸由羨轉妒，產生不平衡的心態。

我也有過相同的經驗。當時我因為嚴重的孕吐，連喝水都會吐，對於旁人能輕鬆地喝水，真的非常羨慕。那時剛好是盛夏，每天都又熱又渴，看見別人痛快喝著冰涼的飲料，我嫉妒得都快眼紅了。

雖然這是沒辦法的事，但對懷孕整整七個月都如此辛苦的我來說，看到老公大口喝水真的很不甘心，總覺得「為什麼只有我要這麼辛苦！」。

「當自己內心匱乏之時，就會嫉妒擁有的人（成功的人）」，這是人類的天性。換句話說，這也顯示「自己的內心在這個當下沒有被滿足」。

如果國家能滿足國民的需求，不但可以吃飽、充分休息，生活也富足豐饒，國民就算看到鄰國的人們酒足飯飽或盡情玩樂，也不會特別羨慕。

當人開始產生羨慕或嫉妒的心情，就要明白——「自己的國民正處於匱乏、不滿足的狀態」。只要國家糧食充足，國民也能好好休養生息，就不會嫉妒鄰國；所以，首要之務就是以自己的國家為優先、滿足本身的需求，不平衡的心態自然會消失。

③比起以前，是否更容易不安與焦慮？

只要一思考未來、或是想有所改變，整個人就會陷入焦慮不安，甚至害怕得不敢行動，這很可能也是一種徵兆。

面對這樣的時刻，每個人都會懷有三成左右的焦慮和不安情緒，這是健康的反應，適度地考量風險本來就很正常。然而，如果太在意「不順利怎麼辦？」、「別人會怎麼看我？」、「周遭會有什麼反應？」，因而緊張擔憂、甚至裹足不前，就意味著內心國民的狀態並不理想。

若是開始對狹小空間感覺到壓力、一搭電車就想逃出去，以前不在意的事，現在卻惶恐憂慮，要試著鬆綁「應該這樣」的思考模式，好好依循自己的步調來整頓生活。若就此置之不理，很可能會演變成恐慌症，甚至引發更嚴重的問題，一定要多加留意。

將「應該」暫放一邊，卸載心靈的負擔，同時留給自己放鬆的時間，努力讓「心之王國」的國民過得快樂、開心，是非常重要的事。

④ 比起以前，人生中「讓自己感動、期待的事」似乎變少了？

「我都快要忘記，喜歡一個人是什麼感覺了……」

「最近我越來越弄不懂，『自己真正想做的事是什麼』……」

「我已經不像從前那樣，對人生和很多事都會興奮期待了……」

你現在是不是正處於這樣的狀態呢？人如果失去了會對某些事物興奮期待、怦然心動的感覺，生活就會變得沒有方向、茫然失據。

換言之，當人對於事物的期待感（心靈感受度）降低了，就會不知道自己想做什麼，人生也毫無樂趣。那麼，心靈的感受度為何會降低呢？

心靈的感受度為何會降低？

現在，請想像一下自己「每天都必須吃很難吃的飯菜」。

不管再怎麼努力適應，始終難以下嚥……即使如此，還是得逼自己「每天都把飯菜吞下去」，可以說是痛苦萬分。

這時，如果你降低了「舌頭的感受度」，讓味覺變得麻痺、嚐不出食物的滋味，就不會再感受到難吃飯菜帶來的痛苦，心情也會比較輕鬆，對吧？

然而，在不會覺得「難吃」的同時，你也無法品嚐到「美味」，吃飯對你來說，已經沒有任何幸福或感動可言。

心靈的感受度也是一樣。

前面提過的「明明不想做，卻逼迫自己忍耐著做下去」，這個狀況就有如此處所說的「即使痛苦萬分，也不得不每天都把難吃的飯菜吞下去」。所以，你會降低心靈的感受度，讓自己過得輕鬆一點。

這是為了保護自己，所以將內心封鎖起來，讓感性變得遲鈍。一旦心靈的感受度降低了、麻痺了，就不會再覺得疼痛或辛苦，乍看之下確實比較好過。然而，如同舌頭的味覺失靈，就再也品嚐不到美味，當心靈的感受度降低，也會分不清自己真正喜歡、想要的是什麼。

這就是「心靈感受度降低」的現象。

假使所有的忍耐，都是為了自己滿懷期待，下定決心想做、要做的事，那就毫無問題。但如果長久以來的委屈壓抑，都是為了自己不喜歡的事，一旦習慣了這個狀態，就會弄不清楚自己真正想做的事是什麼了。

一切都是為了保護自己

雖然有人是在進入社會之後，心靈感受度才開始降低，但我覺得有更多人是從小時候開始，就降低了心靈的感受度。

這樣的人通常都有嚴苛的父母，自己的意見總是被否決，甚至曾遭受霸凌，或者家庭環境十分不安定……在這樣的處境下，如果內心太過纖細，日子會過得非常艱辛。為了保護自己，他們便會降低心靈的感受度，即使長大成人了，也一直沒有恢復。

對他們來說，為了盡可能不讓情緒陷入混亂，平靜地度過每一天，這是不得不採取的措施。

但是，「都已經長大成人，遠離父母和學校了，當時的作法和心靈感受度還適合現在的自己嗎？」

答案當然是否定的。

心靈感受度若是一直處於遲鈍的狀態，就很難活得更自由、更快樂。因為無法釐清自己到底想怎麼做，就會很在意旁人的反應、觀感，而輕易受他人支配、被牽著鼻子走。

除非發生了什麼重大的變故，否則這個問題很不容易被察覺。

也因此，身心失調（國民的反抗）是幫助我們面對、處理這個問題的絕佳機會。

下一章開始，將會告訴大家要如何面對、理解自己的內心，以及重新復甦心靈感受度的方法。

第 2 章 重點整理

心的抗爭總是突如其來

- 忽視內心真正的聲音，不斷壓抑自己的感受，心就會逐漸開始反抗。
- 越是不予理會，反抗的程度將越發激烈，直到自己願意傾聽。
- 當「心之王國」內亂頻繁，身心會出現不適症狀。
- 國民的需求沒有被滿足，容易產生焦慮和嫉妒的情緒。
- 當自己失去期待、嚮往的目標，意味著心靈的感受度正在降低。
- 心靈的感受度降低，會使人失去幸福及感動的心情，弄不清自己真正喜歡、想做的事。
- 心靈的感受度降低，是為了保護自己。
- 如果不確定自己想怎麼做，就會很在意旁人的反應、觀感而受到影響，於是輕易被支配、操控。

第 3 章

重建心的國度

找回愛自己的正確方法

用新的視角開啓另一扇心窗

故事3 推倒高牆的時刻

某個晚上，當公主正要就寢時，突然聽到了吵雜的腳步聲及怒吼聲。

異樣的氣氛讓她整個人緊繃起來，寢宮的大門突然被踹開，許多拿著武器的人衝了進來。

看到闖進房間包圍著自己的大批群眾，公主害怕得全身都僵硬了。

（這些人到底……是誰……）

公主正在心裡想著，當中的一個人開口說話了。

「喂！你為什麼無視自己的國民，只顧著去討好別的國家？」

聽到了這句話，公主才發現闖進房間的是自己的國民。

國民們怒瞪著公主，大聲呼喊起來：

「這幾年因為糧食欠收，我們連自己都餵不飽了，為什麼還要把糧食送給鄰近的國家？」

「不只如此，因為你的亂來，我們連想喘口氣休息都不行！」

「自己國家的國民餓的餓、死的死，這樣你都無所謂嗎？」

「街上到處都是累倒及病倒的人！」

「你到底要怎麼樣？你是想毀掉這個國家嗎？」

在一片怒吼聲中，公主用顫抖的聲音回答：「我是這個國家的國君……怎麼會想毀掉這個國家……」

「但是再這樣下去，大家都會因為又餓又累而送命，這個國家也差不多要滅亡了，公主！」

（這個國家，已經糟糕到這個地步了嗎？）

目瞪口呆的公主看著逼近的國民，竭盡所能地發出聲音說：

「我不知道……你們已經痛苦到這種程度……」

聽到公主這麼說，國民們更是激動起來了。

「廢話！因為你根本就不在乎自己的國民！」

「因為不關心，所以當然不知道啊!!」

公主啞口無言。

因為，國民說的都是真的。

至今為止，她只在意「鄰國是怎麼想的？對方有沒有什麼困難？」；她確實從未關心過「國內有什麼狀況？」、「國民的日子過得怎麼樣？」。

然而，當她第一次被這些國民怒斥著：「你完全不關心自己的國民，只顧著看鄰國臉色，拚命討好他們！」她還是大受衝擊。

都沒有休息！
快要餓死了！
你到底在想什麼！

之所以大受衝擊，一方面是體會到國民原來是這樣看待自己的；此外，她也突然發現，在自己接受的教育中，完全沒有提過要「好好關心國民」。

公主的雙親，也就是國王和王妃，在她很小的時候就過世了。

公主只記得父王經常告誡自己：「身為公主，與他國往來時，絕對不可以出醜或失禮。」

她所接受的教導絕大部分都是這些內容，完全沒有「身為公主，應該如何關心自己的國民」。

或許雙親是打算以後才教導她、也可能是當時忘了提醒。總之，公主的雙親在什麼都沒有說的情況下，就去了另一個世界。

因此，公主謹遵雙親先前的教誨，時時刻刻關注著「如何才不會冒犯其他的國家，使自己的國家招致惡評」，直到今天。

為了不讓這個國家被人厭惡或輕視，她認為這是很重要的事。

（難道，真正重要的……其實是關心自己的國家嗎？）

公主陷入一團混亂。

不過，現在可不是沉默的時候。

公主雖然深受衝擊，還是努力地向國民坦誠相告，自己沒有從雙親那裡學會關心國民的重要性，以及自己只被教導「不能對他國失禮」，才會如此在意他國的眼光，也以為這樣才是對國家好。

國民們知道公主早早就失去了雙親，聽到她這麼說，才終於理解她先前為何會有那樣的作為。

確實，公主身邊沒有人教過她這些事。

所有的國民都沉默了下來，直到一個老人家開口問道：

「公主……看到國民一個個倒下，你覺得這個國家會幸福嗎？」

公主緩緩地搖頭。

「現在，國家正面臨存亡關頭，所以我們才會來到這裡。」

公主看向房間裡的所有國民，靜靜地點了點頭。

國民又問道：

「那麼……現在公主知道我們的現況了，您有打算要改變嗎？」

「您願意關心我們了嗎？」

公主像是回過神來，立刻點點頭。

「我之前一直以為，與鄰國維持良好邦交，才能提升我們國家的評價。但是……就像大家說的，如果國民全都倒下了，這個國家也就滅亡了。多虧各位今晚特地來到這裡，我終於明白這才是最重要的事。

「如果沒有大家的提醒，我永遠不會發現自己的問題，以及自己正在毀滅這個國家。我真的非常感謝，大家有勇氣來到這裡。」

「那麼，您願意傾聽我們的想法了嗎？」

「當然。」

接下來，在場的國民開始逐一向公主訴說，「讓他們困擾、痛苦的是哪些問題」。

公主仔細聆聽了大家的心聲，她認為自己應該要先理解，國民們是為了什麼而煩惱、痛苦。

聽著每一個人的故事，公主深深被打動了。

為了營養失調的孩子們，父母寧可餓著肚子工作到倒下。

為了幫助父母，孩子們也願意挨餓不吃飯。

自己到底都做了些什麼啊！自己又有多麼不關心自己的國民……

公主痛切地領悟到自己犯下的錯誤。

聽著國民們訴說悲慘的遭遇，公主的內心湧現出想要幫助眼前這些人的衝動。等大家都說完，公主思考了一會兒，然後看著國民們說：

「你們願意和我一起想想看，今後應該要怎麼做嗎？」

國民聽到公主這麼說，一臉又驚又喜。

他們從來沒想過，可以和公主一起思考國家的未來，而且自己的意見真的發揮了作用。他們喜出望外。

「當然！」

「我們一起想辦法吧！」

大家異口同聲地回答，公主感動地望著自己的國民。

公主欣慰又高興地說：「沒想到，有人願意跟著自己一起想辦法，是這麼……讓人安心。」

在說話的同時，她的眼睛裡浮現了些許淚光。因為她身邊一直沒有可以商量的人，總是覺得很孤單。

國民們這時候才發現，公主先前都是一個人在孤軍奮戰。

我們一起
想辦法吧！

那一夜，公主與國民之間常年築起的高牆，就在巨響聲中崩塌了。

原本無法互相理解、衝突不斷的國民與國君，兩方終於得以同心協力。

國民們會和公主一起認真地思考：

「怎麼做才能讓國家變得更好？」

「該制定什麼樣的規則及法律，才能讓自己過得更幸福？」

〈諮商室對話〉什麼才是最重要的事？

（哇，真是太好了！）

我心裡這樣想著，不知道為什麼眼眶就紅了。

（總覺得自己今天比往常更能理解公主的心情……）

友子心理師似乎察覺到了我的變化，溫和地說：

「麻理，你現在有什麼感覺呢？」

我將自己代入公主的角色，然後回答：

「起初，我覺得這個公主真的很可惡……但我現在發現，她其實也不是那麼壞的人。」

「這樣啊，為什麼你的想法改變了？」

聽到友子心理師這麼問，我抬頭望著天花板思考了一會兒。

「因為公主並不是明知故犯，她只是一直沒弄清楚，什麼才是最重要的事……她認真遵循雙親的教導，卻沒有理解到真正的關鍵。發現這一點之後，就會覺得她其實沒那麼糟糕。」

「因為不知道，當然就做不到了嘛。」

「嗯嗯，沒有人教導她什麼才是最重要的，所以才變成那樣吧……」

友子心理師看著正在思考的我，隔了好一陣子，才繼續說：

「麻理，你有沒有發現，這個故事是在呈現你的內心世界？」

我緩緩地點了點頭。

「我心裡那個像暴君一樣的公主，剛開始顯得非常惡劣、也很討厭……但她其實是一個從來沒有學過，該怎麼去『愛自己』的小女孩。」

「嗯。」

「從小，父母就告誡我不能給別人添麻煩、傷害別人，也不可以惹人討厭、讓人失望，學校教的也是一樣，所以我一直覺得這是最重要的事。」

「原來如此。」

「當然這些事還是必要的，但是，卻從來沒有人告訴我，『關心自己的王國』是更重要的事……所以我一直到現在都沒有學會。」

友子心理師深表認同地點點頭。

「麻理，你注意到了很重要的部分。沒錯，我們從小就一直被教導，不能給人添麻煩、或是讓人失望，但在此同時，卻幾乎沒有人教我們，應該怎麼去愛自己。所以，大家都不知道要怎麼做，只有努力討好身邊的人，讓他們不討厭自己，或是為了贏得周遭的評價而拚命努力。久而久之，我們也就越來越忽視自己內心真正的聲音。」

我覺得，自己現在正是陷入這樣的處境呀！

〈諮商結束〉

忙著做好人，卻從沒學會愛自己

看了麻理的故事，你有什麼感覺呢？

雖然我們常說要「愛自己」，但有很多人即使已經長大成年，還是沒有學會「愛自己的方法」。

特別是重視「和諧」的東方社會，一般人幾乎從小就很少被問到「你有什麼想法？」，而是被要求去思考「身為群體的一分子，應該怎麼做？」。

這和美國完全不同——

美國人是從上幼稚園開始，就要在大家面前練習表達「自己喜歡什麼」之類的個人意見。

對東方人來說，忽視自己的想法和心情，能隨時察言觀色、靈活應對的人，才是所謂的「好孩子」和「好人」。

因此，我經常被患者及學生問道：

「『愛自己』到底是怎麼一回事？」

「應該怎麼做，才知道這是『愛自己』？」

甚至還有人這樣反應：

「就算聽見自己內心真正的聲音，但又不可能告訴周遭的人，那還有必要知道嗎？」

如果以王國來比喻，就是指——

「對於鄰國的要求及意見，國內要是出現了反對的雜音，會很難配合鄰國，因此無需採納。」

但這樣一來，國民會過得幸福嗎？

如果要以鄰國為優先考量，忽略自家國民的意見當然最輕鬆；但要是重視自己的國家，勢必要聽取國民的意見。

接下來，我們就要說明，「因為太在乎旁人的反應，而聽不見自己內心聲音」的人，要如何「傾聽內心（自家國民）的聲音，建設美好的國家」。

過去的保護，變成了現在的阻礙

無論是什麼樣的人，都有一套從孩童時期就已經建立起來的「自我保護機制」（保護自己的方法．規則）。

在作為嬰兒呱呱落地的那一刻，我們的身上並未存在任何「必須」的限制，而是在歷經各種傷害、衝擊後，才會建立「這種時候這樣做比較安全」的自我保護規則，降低自己心靈的感受度，然後漸漸長大成人。

其實，我們並不了解——

「自己是在哪一個瞬間、基於何種原因，而做了那些決定」，或是「自己的心靈感受度為何會變成這個狀態」。

不少人都是打從有記憶開始，就已經「習慣這麼做」了。

他們沒發現自己身上存在著各種限制，也不記得自己的心靈感受度為何變低，所以不會去調整原有的「自我保護機制」，就這樣原封不動地繼續套用，直到成年以後。

然而，人是會隨著年歲一起成長、不斷改變的，「從前的自己所建立的方法．規則」，已不適用於現在的自己，很多人也因而無法讓自己的人生順利地前進。

以國家的例子來比喻，那就是——「如果日本現在仍一直沿用明治時期的法律，還會有能力往前邁進嗎？」

一般來說，法律都會根據每個時代的現狀及問題調整、修改，人民才得以安居樂業。

同樣地，我們過去在不知不覺中所建立的「自我保護機制」（保護自己的方法・規則），也必須配合現在的自己進行必要的改變。

只是，一般人都難以發現，「自己仍沿用著過去的規則來決定現在的行動」，所以不會想到「要改變規則！」，而一直受到過去的束縛。

開始吧！傾聽另一個自己的聲音

不過，制定規則和法律的畢竟是自己，所以每個人都有能力，將它們更新為最新的版本。

只是，如果對於「想要怎麼做」欠缺方向和目標，就會不知道是為了什麼而改變，也不明白該把規則修改成什麼樣子。

內心的聲音一旦消失了，再怎麼想改變法律，也不知從何改起，於是會轉而向他人尋求建議。但要是真的去詢問鄰國：「自己的國家今後該如何發展？」你想又會發生什麼狀況呢？

每個國家都只會站在各自的立場任意發言，最後陷入一團混亂。

試過各種方法都行不通的人，不要只顧著徵詢鄰國的意見，反而忘了聆聽自己國民的聲音。

此外，當自己的國家欠缺目標、願景和原則，思考的方向就會一直聚焦在「如何迎合鄰國」，任由自己被隨意地操控。

好好理解國民的現狀和心聲，就可以確立自己國家的方向和願景，也不會過度在意鄰國，減少被隨意操控的機會。

如同現實世界的法律及規則也需要配合國民的處境和期望，做出適當的調整，當我們有了「想要這樣．希望那樣」的方向和願景，才能制定出「所以就這樣做吧！」的規則。

因此，首先要傾聽內心國民的聲音，決定好自己的方向和願景。

要在內心打造一個豐饒美好的國家時，還有一件重要的事必須牢記——能夠保護國民、讓他們幸福的不是別人，而是「身為國君（公主）的你自己」。

當每個國民都能展露笑顏，國家的幸福安康才會長久持續，同時更要明白——「你自己就擁有讓國家幸福的力量」。

鄰國的人們笑得再開心，如果是用自己國民的疲憊困頓換來的，你的國家就不可能獲得真正的幸福。

無論狀況是好是壞、忠言是逆耳還是順耳，都要仔細傾聽國民——也就是另一個自己——的聲音，清楚掌握國內的現狀。

這是身為國君的你，最優先該做的事。

周遭的高評價＝自己的成就感？

只不過，當一個國家長期壓制國民的聲音，傾聽就會變得很不容易。因為國民已經習慣沒有人接受他們的想法，所以連訴說的欲望都沒有了。

這一點在迫使國民為了鄰國辛苦勞動時會很有利，可是一旦要思考「自己的國家整體來說該往哪個方向走」，就會造成窘境，也就是——「國民默不作聲＝無從理解內心的聲音」。

這會讓人難以確立自己國家的方向和願景，因而陷入錯覺，誤以為「周遭對自己的評價」＝「自己該做、想做的事」。

一旦掉進了這個無限迴圈，我們在做自己想做的事時，就會「需要旁人的評價和認同」，對周遭的依賴也會變得更深重。

以公主的例子來比喻，就很容易了解——

當「鄰國的讚賞」＝「公主的快樂」、「公主的成就感」，她會變成只有在「獲得鄰國的讚賞」時才感到開心，而且會為此不惜擱置國民的幸福。她願意做任何事去獲取周遭的讚賞，卻沒有想過那些事是否真能讓她衷心覺得幸福。

真正重要的，應該是「無論鄰國會不會讚賞，都要讓國民快樂、幸福。」這樣一來，國民的歡聲和笑顏，就會變成成就感的來源。

「即使周遭沒有人讚賞，自己還是想做」，這才是真正能讓你雀躍、欣喜的事。

受傷而封閉的內心，需要你重啟對話

就算不能馬上聽清楚內心的聲音，也不需要失望或放棄。只是這時候就要注意，有些事不能做，有些事則一定要做，才能突破僵局。

比方說，大家可以想像一下這樣的狀況——小時候，每當父母問你「想做什麼事？」，只要你說出真心話，通常都會被否定。

「當然不行啊！因為……（丟出各種理由）。」

不然就是被斥罵：「少異想天開了，你是笨蛋嗎？」

然後會怎麼樣呢？

你應該會覺得：「既然不想聽，幹嘛要問！」再也不對父母說出內心真正的想法。

不只如此，父母以後要是再問你「想做什麼事？」，你甚至會為了保護自己而三緘其口。如果不得不回答，就會敷衍地回應「都好」或是「沒什麼特別想做的」。

同樣的道理，你的內心也是類似的狀態。

國民不願意說話，就代表他們正在表現叛逆。

也就是說，你之所以對未來茫然失措、不知道自己真正想做什麼，是因為過去一直壓抑或排擠內心的聲音，導致內心不肯再跟自己對話了。

明明是自己造的孽，卻絲毫沒有反省，劈頭就問自己的內心「想做什麼事？」，一旦無法立刻得到明確的回答，又開始對「不知道想做什麼」的自己生氣……

這就像平常總是否定你意見的父母，某天突然闖進你的房間逼問你「將來想做什麼」，當你隨口敷衍說「不知道」或「沒什麼特別想做的」，反倒被痛罵：「連想做什麼都說不出來，你到底在幹嘛！」

之前說了不肯聽，現在不想說了又被罵……「要是有這樣的父母，孩子會有什麼感覺？」想必每個人應該都會回答「實在很火大」、「根本不想跟他們說話！」。我們的內心也是一樣。

如果內心變成了這種狀態，焦急只會適得其反。過去訴說真心話和夢想時被否定的失落、悲傷，讓你的內心仍然保持警戒。「為什麼沒辦法立刻知道自己想做什麼！」你越是焦慮不安，內心就越會封閉自己。

與其遷怒正處於叛逆期的內心，還不如回過頭冷靜思考，是不是自己的態度造成了這樣的局面。

焦急的情緒無法打開心扉，我們只有改變「對待內心的態度」，才能讓它自然而然地開啟。

從「不想做」的事，找到對的方向

當國民因飢餓困頓而不滿反抗時，突然問他們「想怎麼做」，是無法立刻得到答案的。比較容易問出來的，反倒是「不想做什麼」或「討厭什麼」的回答。

每當我在療程中詢問患者「想怎麼做」或「希望如何」，即使是非常消沉的人，也會熱切地向我訴說，他們「不想做什麼」或是「不希望如何」。

也就是說，即使心靈的感受度降低了，他們還是有能力表達自己「現在討厭的事」和「不想做的事」，這其實就是一個突破口。

當你對未來茫然失措、不知道自己真正想做什麼，第一步就是努力、仔細地去傾聽，內心的國民現在正感到厭煩或痛苦的事。

不過，就像前面提醒過的，當國民訴說自己的不滿和反感時，公主千萬不要總是忍不住一一反駁：

「如果不這麼做，鄰國就會很困擾啊！」

「我也沒辦法啊，如果我不做，害我國評價降低怎麼辦？」

一旦這麼做了，國民就會覺得：

「明明就不想聽，還裝作一副想知道的樣子，真是虛偽！」

反而會讓情況雪上加霜（可惜大多數的人都是如此）。

如果決定要傾聽國民的聲音，首先就要控制自己不說理由或藉口，也不去否定和反駁，只要專注地傾聽。

努力去理解國民的心情，讓他們想說什麼就說什麼。當國民越疲憊，就會聽到越多讓他們厭煩、痛苦的事。

人有高潮，也會有低潮。狀況好的時候，渾身都會充滿「想做什麼」的幹勁；狀況差的時候，滿腦子都是「不想做什麼」的念頭。

因此，即使無法立刻確知自己真正想做的事，也不必失望沮喪，先從這個步驟開始，國民們就會向你訴說越來越多的心聲。

既然最終的目標，是要依循國民的心聲來確立今後的方向和願景，那就先從容易的部分著手，認真傾聽國民暢所欲言，動筆寫下自己實在不想做、很討厭的事吧！

即使現在的自己狀況還不錯，向上進取的本能還是會讓人有著「更想挑戰的事」，所以試著寫下「其實不想做但還是在做的事」或是「很想做卻一直沒做到的事」，也很有幫助。

一旦寫下「不想做」或「不願意做」的事，就會看見理想與現實之間的落差，而壓力就是從這裡產生的。接下來，再轉而從「其實很想做○○，卻無法達成」的角度來表達，就能更接近自己真正想做的事了。

不滿的背後，一定存在著某個理想

接下來，要稍微仔細討論一下所謂的「理想」。

當人心生不滿時，其中必定存在著理想。這是因為理想與現實的落差會讓人感受到壓力，進而醞釀不滿的情緒。

人不會對完全無所謂的事產生落差感，也不會特別在意；如果會在意，就代表現實背離了某個不知名的理想。

這就是為什麼，我們要先寫出「不想做」或「不願意做」的事。

不少人會將這些事視為「抱怨或負面情緒」，即使只是在腦中思考都覺得不好。若以王國來比喻，就等同於「可以對國家的方針給予正面的建言，但是不允許表達否定或不滿的意見。」

在過去古老的封建時代，確實有過這種文化，但是，你願意生活在這樣的國家嗎？

對於這個問題，我想每個人的答案都會是NO。

況且，此時最應該關注的問題，並非是提出的意見正不正面，而是國民無法坦率直言。一個能讓國民各述己見的國家，才能營造出自由、創意的氛圍，我們的內心也是一樣。

所以，請再一次觀察自己的內心。

你的「心之王國」交織著各種正面或非正面的想法，它們是否「能自由表述」或是「受到完全的尊重」？

對負面情緒抱著否定觀感的人，很容易壓抑自己及旁人內心的聲音。然而，乍看像是抱怨的反應，對於建設美好王國其實是很重要的資訊。

試著將所有的感覺、情緒、內心的聲音，都當成你最珍惜的國民所表達的重要意見吧！

放下別人，先決定你想活出的模樣

如果你的心中懷抱著各種理想或希望完成的事，試著全都寫下來吧。

先前曾提過，當理想與現實之間出現「落差」，人會因此產生情緒，像是抱怨「根本不想這樣」或「好煩、好討厭」，這是你的國民所感受到的，與理想之間的「落差」。

轉個角度反過來看，我們也可以從這些抱怨中慢慢釐清「國民嚮往什麼樣的生活」之類的理想。

【反轉練習】

上面寫「不滿」，下面寫「理想」。

• 沒辦法休息→想要更多休息時間
• 被塞了太多超出負荷的工作，非常生氣→想要按照自己的步調工作
• 沒時間做自己喜歡的事→希望有更多時間做自己喜歡的事
• 沒錢→想增加收入、提升工作能力
• 工作很無聊→想依自己的喜好創業、想轉職
• 沒時間學習英文→想加強英文會話能力

寫完之後，再加上更清楚的細節。

【範例】

〔不想做的事〕〔感覺不對的事〕

因為在乎旁人的眼光，即使工作完成了也不敢下班，只好假裝加班。

〔想做的事〕〔理想〕

「很想好好休息」「希望工作與生活能張弛有度」「希望有時間進修，

提升工作能力」

現狀：

因為對其他同事覺得不好意思，只好勉強自己假裝加班，明明不需要卻連週末也到公司，把自己的王國變成了黑心企業。

如果這個時候還辯解「因為鄰國都這樣、那樣，所以……」，那就跟先前故事裡那個寧可犧牲自己國家，也要成全他國的公主如出一轍了。

「別管鄰國怎麼想，先好好思考你自己的國家想要變成什麼樣子？」確立好自己的方向才是最重要的。少了這個方針，國家會無所適從；當我們不確定該為了什麼而努力，也會缺乏奮鬥的動機。

你想要為了別的國家沒日沒夜地加班？還是希望好好休息、重振精神，用專注的最佳狀態工作？不必管鄰國怎麼想，先決定好自己的方向吧！

制定行動的規則，才不會半途而廢

光是描繪好願景，卻沒有制定任何實踐的規則，人類的惰性往往會讓我們最後又退回原點，故態復萌。

比方說，只決定了「每天都要早起！」，卻不知道「要以什麼為目標，要幾點起床，又要怎麼做到」，這種籠統的目標可能執行沒多久，就會半途而廢。

因此，為了實現國家的願景，就必須要「制定規則」。更具體地說，就是事先決定好要採取什麼樣的行動，以盡力實現這個願景。

這個過程等同於在制定王國的憲法與法律（規則）。

舉例來說，現在的煩惱是「不想配合別人勉強加班……」。

當腦中浮現各種不滿、不想做的事時，請先閉上眼睛，站在國民的立場思考，然後想像——「到底是什麼事讓我覺得痛苦」，仔細體會那種感覺。

我曾經就這個例子詢問患者：「站在國民的立場，最痛苦的是什麼？」對方回答我：「最痛苦的應該是永遠看不到終點吧……」

反過來看，就會明白自己想要的是「確定何時可以結束」。

所以，第一步就是要「確定何時可以結束」。

不過，對許多人來說，這種牽扯到職場的問題，不是突然決定明天開始要準時下班，就立刻有勇氣這麼做。因此，可以先從決定「每星期幾要幾點下班」這種具體的規則，開始一步步練習。

換句話說，就是為自己的國家制定「每星期幾的幾點以後，是國民的休息時間」這樣的法律。

為了實現自己的目標和願景，這樣的規則是不可或缺的。

「總有一天……」這一天永遠不會到來

只是在腦中想著，總有一天要甩開鄰國，以自己的國家為優先……這一天永遠不會到來。所以，首先就要決定好「何時」、「怎麼做」。

我們很習慣為「做什麼」制定計畫，卻經常忘了為「什麼都不做」、「做自己喜歡的事」保留時間。

特別是工作繁忙的人或蠟燭兩頭燒的雙薪家庭，更容易出現這種狀況。我也是在成為職業婦女後才發現，如果不預留「什麼都不做」、「純粹放鬆」的時間，就永遠不會有空檔。即使是全職主婦或主夫，也經常難以劃分工作與休息的界限。

但是，只要沒有被排進計畫裡，這件事就會永遠被往後拖延。

試著這樣想想吧——如果你所居住的國家「完全沒有可供休息的假日和週末」，那會怎麼樣呢？

國民只能不停地工作，直到精疲力竭、情緒瀕臨崩潰。

內心若是陷入這種狀態，我們就會暴躁易怒，說話也開始尖酸刻薄。

因此，就像國民需要假日，我們也要為自己預定好「休息」的時間。

不僅如此，為了守護內心的國民，也要排定「興趣之日」、「冒險與挑戰之日」等各種計畫。

只不過，越是認真努力、對他人信守承諾的人，就越容易隨便破壞和自己的約定。

如果你是這樣的人，有一個好方法，就是提前跟別人約好去做自己喜歡的事。這樣一來，想對自己爽約也就沒那麼容易了。

運用「若則計畫法」，和自己做約定

和自己做約定時，不要用「每天」或「每週」的方式，而是要直接決定好具體、固定的時間。

你可以運用「若則計畫法」（if-then planning），來幫助自己遵守約定。這個方法已經過九十多項研究的驗證，成功率極高。執行的方式則是將「必須做的事」和「一定會發生的事」當成「啟動信號」，規定「只要A行動（事件）發生了，就要做B這件事」（若A則B）。

舉例來說，雖然跟自己約好了要「每天進修英文三十分鐘」，但是人總有忙碌或倦怠的時候，很難持之以恆。

不過，只要決定「早上一出門就戴上耳機，在通勤途中練習英文聽力」，並且具體地規定「一走出玄關就戴上」，就很容易在中午之前完成三十分鐘的學習。這和前面提過的「每星期幾的幾點下班」是相同的原理。

另外，應該很多人都有「繳了健身房會費，卻沒去過幾次」的經驗，像這種「到時候再去哪裡做什麼」的模式，當然不可能持續。

研究結果顯示，具體規定自己「每星期幾上班前一小時要上健身房」的人，約有九成的人在幾週後仍會持續這個習慣；沒有這樣做的人，則有六成左右會放棄。換句話說，沒有事先決定好「星期幾／哪個時段」的人，幾週後只有四成還在上健身房；而先做好決定的人，則有九成會持續。兩者之間的「落差」，在短短的幾週內就達到了「五成」！

所以，重點就在於——具體地決定「執行日（例如「每星期幾」）＋當天的執行時間」。

接下來，就列舉我的學生所採用的幾個方法——

有一個學生的「啟動信號」是每天的「泡澡時間」。

她規定自己「只要打開水龍頭（到水放滿之前）就練習跳舞」，「打開水龍頭」於是成了「啟動信號」，到水放滿之前的十到十五分鐘，則是「做什麼」的固定時間——這時候練習喜歡的舞蹈再好不過，也更容易持續。

還有人為了達成每天運動十五分鐘的目標，規定自己「看到樓梯或手扶梯，就爬樓梯」。上班途中或在城市裡走動時，很容易看到樓梯和手扶梯，因此要達成每天所需的運動量，可說是格外輕鬆。

「一出家門就～」、「一進剪票口就～」，像這樣配合通勤時間決定想做的事，既簡單又有效；如果通勤時間很長，還可以規定自己「在轉車時改做另一件事」，不但能預防倦怠，也更善用時間。

持續做著自己決定要做的事，就是遵守和自己的約定。

遵守和自己的約定，則能累積「相信自己的能力」，也就是「自信」。

總是對自己爽約的人，一定要好好運用這個「若則計畫法」，以「必須做的事」來設定啟動信號，努力練習遵守和自己的約定吧！

遵守和自己的約定，
就能累積自信（相信自己的能力）！

- 起床後泡茶時，按下英語 CD 的開關（練習聽力）
- 睡覺之前，做 3 種伸展體操
- 一搭上捷運（公車），就打開學習 APP，直到下車為止
- 一進廁所，就閱讀或背誦（貼在廁所裡的學習資料）
- 一邊刷牙，一邊深蹲或踮腳尖（拉筋運動）

跳脫「過去的習慣」，往前跨進一步

國家在面臨轉變時，有個重要的關鍵是——必須跳脫「過去的習慣」（pattern），往前跨出一步。

人總是對熟悉的作法比較有安全感，即使明知那不是最好的，還是想要重拾過往的模式。因此，若要改變現狀，就必須鼓起勇氣，走出「自己的習慣」這個舒適圈。

想從過去的習慣往前跨進一步，除了需要勇氣，也需要練習，可以先從自己一個人能完成的小事開始做起。

像是過去利用「雖然很想~卻因為~」、「喜歡是喜歡~只不過~」等各種藉口搪塞，而一直沒做的那些事，就可以拿來練習。

以下是我的學生所訂定的一些計畫，提供給大家參考：

- 之前一直假裝加班，現在要訂定準時（或固定時間）下班的日子。
- 決定準時下班的那天，要開始學習之前一直感興趣或想學習的事。
- 只有半天也好，利用特休去做喜歡的事、參加嚮往已久的講座。
- 加入感興趣的社團。
- 試著一個人去想要嚐鮮的餐廳吃午飯。
- 一邊享用美味的午間套餐，一邊閱讀喜歡的作家所寫的小說。
- 喜歡唱歌，想試著一個人去唱KTV。
- 喜歡喝酒，想試著一個人去高級飯店的酒吧小酌。
- 想試著一個人去旅行（國內・海外）。

這些只是其中一部分的例子，基本上什麼事都可以。

如果是自己擅長又喜歡的事，相對來說會比較容易做到。所以，如果你有「雖然感興趣（喜歡），卻因為種種理由沒有嘗試或完成」的事，可以從這種小地方開始挑戰。

起初，先「拿出些許勇氣，挑戰自己比較有能力做到的事」，接著再繼續「挑戰需要更多勇氣才能完成的事」。藉由每個階段循序漸進的練習，讓自己慢慢擺脫既定的模式，向前邁進。

想提升人生的境界，備足跨出第一步的勇氣是很重要的關鍵。

捨棄「不要～」，將願望化為語言

如果在日常生活中總是告誡自己不要惹人不快，習慣於「不要～」的思考模式，這樣的人在看待自己的人生時，往往也會以「不要失敗」、「不要被討厭」的否定形式來思考。

無論是對自己或他人，都不是想著「要如何」，而是「不要如何」。

「不要～」的思考模式，是思考過原本不想思考的事之後，直接給予了否定。

舉例來說，「不要失敗」就是「思考過失敗的狀況，直接給予否定」；「不要被討厭」則是「思考過被討厭的狀況，直接給予否定」。

平常若總是依循著「不要～」的思考模式，一遇到狀況時，就不會想著

「我要怎麼做」，而是滿腦子都繞著「我不要做什麼」的念頭。若是以森林來比喻這樣已經固化的腦神經迴路，就像是走慣了的路會越來越好走，不常走的路則是雜草叢生，導致路不成路，走起來就更辛苦了。

要盡早、更清楚地知道自己想做什麼、什麼事會讓自己快樂，就必須練習把生活中的思考模式從「不要～」轉換成「要～」的肯定形式。

【轉換範例】

- **不是「不要半途而廢」，而是「要怎麼做才能堅持到最後？」**
- **不是「不要被討厭」，而是「要怎麼做才能讓彼此開心？」**
- **不是「不要遲到」，而是「要怎麼做才能準時到達？」**
- **不是「不要緊張」，而是「要怎麼做才能放鬆？」**
- **不是「不要勉強」，而是「要怎麼做才能照自己的步調前進？」**

即使當下想到的是否定句也無妨，只要在生活中時時練習，努力把它轉換成「能展現理想未來的肯定句」就好。

就像我們要去旅行，通常都會想著自己想去的國家吧？但這種「不要～」的思考習慣，就像是一直想著不想去的國家，然後告誡自己「不要去那個國家」、「不要接近那個區域」。

相較之下，還是想著「要去哪個國家」會比較開心吧？

人生，其實就像旅行。

捨棄「不要～」的思考模式，練習將思緒轉向「可以～、想要～」等自己希望前進的方向，就能培育出「想要怎麼做」的思考迴路。

養成朝理想方向思考的習慣後，就能更容易、更明確地知道「自己想怎麼做，以及真正想做的事」。

順便一提，大家可以去瀏覽自己在簡訊、email、LINE 等通訊軟體上的留言，就會清楚地看見自己說話、思考的習慣，十分有趣喔！

我請學生這麼做的時候，很多人才驚訝地發現，自己在關心家人、朋友和另一伴時，總是習慣說「不要勉強」、「不要弄壞身體」、「不要著涼感冒」，竟然用了那麼多的否定句！

許多父母也發現，自己「對孩子竟然都是用『不要遲到』、『不要忘記帶東西』這種否定句在說話！（汗）」，很多人還因為自己無意識地「連續發射否定」而大受衝擊（笑）。

確實，很多父母都會對孩子展開一連串「不要～」的疲勞轟炸——「不要跌倒、不要跑、不要站起來、不要吵、不要忘記寫功課、不要遲到、不要說髒話……」。當父母總是無意識地用這種方式提醒孩子，很可能就會讓他們養成這種思考習慣。

我曾在講座中和大家討論該如何提醒孩子，當我問道：「如果希望孩子

『不要跌倒』，具體來說是希望他怎麼做？」大家都會回答：「希望他小心走路。」

「那麼，『小心走路』具體來說又要怎麼做呢？請說得更具體一點。」

我再這麼一問時，大部分的父母都愣住了，「呃……小心走路……就是小心走路啊？」

也就是說，「小心走路」這句話實在太過籠統，看不出來「想要對方怎麼做」，尤其對年紀還小的孩子來說，就更難理解了。

就像旅遊老手對第一次出國旅行的人說「要小心喔！」，對方除了回答「嗯」之外，還是不知道在哪些狀況下，具體上要怎麼做。

不是模糊地用「小心」來表示「希望對方不要做什麼」，而是更具體地用語言明確指出「希望對方怎麼做」，雙方才能完成確實的溝通。

如果希望孩子不要跌倒，就要更具體地思考「希望他怎麼走路」。

像是「看著前面走路」、「走在白線內側」、「這裡有高低差，要仔細看路」等等……具體地說明「自己希望對方怎麼做」，會更容易把訊息傳達到對方的潛意識裡。

我們家對孩子說話，都盡可能用肯定句來表達。用肯定句說話，等於自己要很清楚具體上該怎麼做，想養成日常習慣，「用肯定句具體地指出希望對方怎麼做」，確實需要大量的練習。

不是「希望對方不要做什麼」，而是要即時思考，再用語言「具體地說明希望對方怎麼做」。

從前的我也是這樣，因為從小就被教育「不要如何」，所以每當我要提醒別人，也總會不加思索地說出「不要如何」，而不是「希望如何」。

越是無意間使用的語言，越容易顯現自己的思考模式。

因為用得太習慣，絕大多數的人都很難發現，一旦注意到了，每個人都會大為驚訝：「天啊，我竟然用了這麼多否定句！」

只說「小心」，孩子還是不知道該怎麼做

用自己的雙腳，踏出夢想之路

據說，九十八%的日本人都有俗稱「不安遺傳因子」的「S型血清素轉運體基因」[1]。因此十分擅長「不要～」的思考模式。

確實，日本人很懂得如何保持低調、不惹麻煩，只要在海外生活過，就會深刻感受到日本人有多麼擅長逃避問題。

人類的強與弱，就像硬幣的正面與反面。大多數日本人腦中的「不安迴路」，都像是「每天車來車往的巨型五線道」狀態。

當所有的車子都走在寬敞、通暢的主要幹線，其他道路就會被茂密的樹木和雜草占據，最後消失不見。

這麼一來，即使要找出一條「想這麼做！想那樣做！」，讓人興奮期待的「夢想之路」，也會陷入找不到路、沒有方向的窘境。

因此，不要一開始就胡亂地橫衝直撞，而是要先找到自己的夢想之路。找到之後，則要反覆踏過雜草叢生的那條路，才能開拓出一道夢想小徑。

一旦冒出了「不要如何」的念頭，就要即刻轉換成「想要怎麼做、希望怎麼樣」等表述理想的肯定句，思考自己想做什麼。

養成這樣的習慣，一點一滴開拓出你的夢想小徑，再讓它茁壯成越來越寬敞的康莊大道。

1編註：血清素是大腦中的神經傳導物質，其含量會影響睡眠、情緒、消化等生理活動。血清素濃度越低，越容易陷入焦慮、憂鬱。而負責搬運血清素的轉運體基因，分為傳達力高的L型與傳達力低的S型，再兩相組合成LL、SL、SS等三型。根據研究，日本人約有七成是SS型，LL型則僅有二％，是世界上最少的族群，這也是日本人罹患憂鬱症、自殺比例偏高的遺傳性原因。

想像「過程」，比想像「結果」更重要

大腦無法區分現實與想像的差別。像是肚子餓的時候，只要說到好吃的食物，想像的畫面就能讓人流口水，由此可知，大腦並沒有這種區分能力。

應該有不少人都聽過所謂的「意象訓練法」（image training）——「明確地想像目標，再朝著那個方向前進！」只是，我也聽過很多人沮喪地說：「雖然努力在腦海中想像自己的理想、目標和希望前進的方向，但堅持幾個月之後就沒有動力了……」

當然，想像理想的未來可是一件重要的大事！

如果只是想像自己達成目標時的狀態，結果會如何呢？

我們就以「大學指考」為例好了。

要是如願以償考上了第一志願，你會怎麼樣呢？應該會鬆了一口氣，彷彿放下心中大石般，悠閒地放空吧？

如果只想像自己「順利考上大學」，大腦會接收到錯誤的訊息，誤以為「太好了！考上了！不用再努力了！」，因而讓自己在不知不覺中失去奮鬥的動力，然後就鑽起牛角尖，陷入「想像的未來雖然美好，卻無法實現」的負面思考。

許多前來找我諮商的人，都是在讀了吸引力法則的相關書籍後，開始努力描繪未來的夢想，卻因為失去動力半途而廢，而對自己感到失望。

實際上，在我帶領個人進行意象訓練時，想像的內容一定也會包含在途中因應挫折、戰勝誘惑等各式各樣的過程。

就意象訓練來說，最重要的不是想像達成目標的那一刻，而是要仔細想像達成目標之前起伏變化的過程。

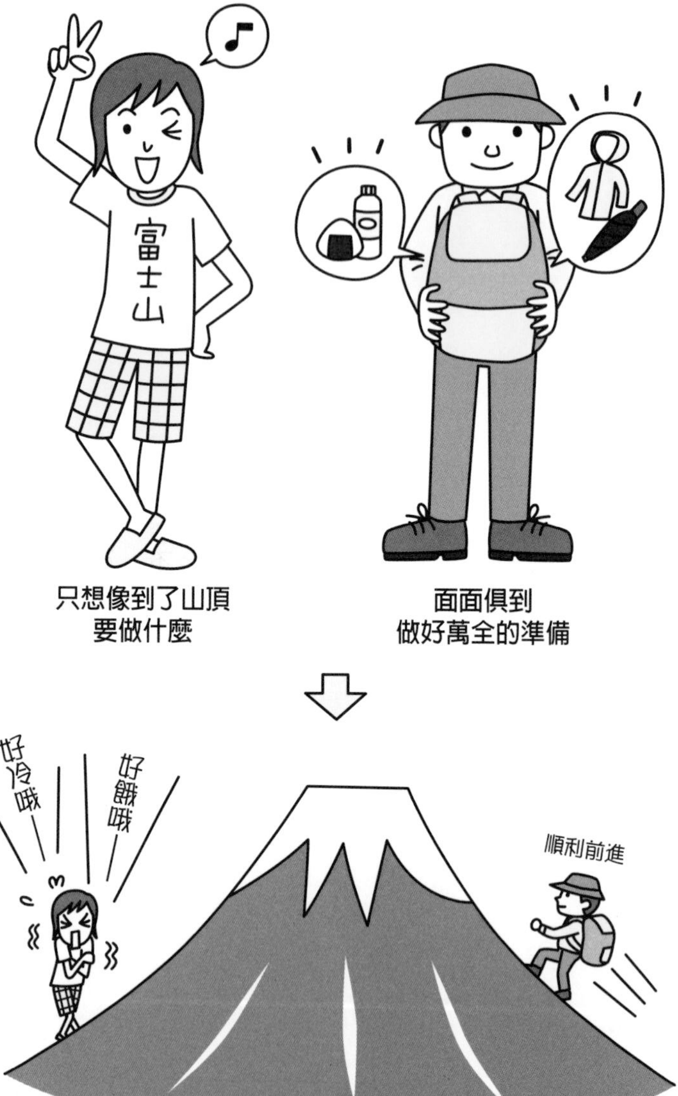
富士山
只想像到了山頂
要做什麼
面面俱到
做好萬全的準備
好冷哦
好餓哦
順利前進

說實話，人類本來就是容易半途而廢的生物。

畢竟，人生境遇五花八門，有時會受到某些誘惑，有時會輸給外在壓力，有時會發生意外狀況，有時則因為太過疲累而撐不下去。

正因如此，我們不應該假裝視而不見，也無需負面看待，而是要更堅定地認清這些可能性，透過意象訓練來幫助自己克服難關。

這樣一來，大腦也會習慣提前做好克服困難的準備。

對自己的信任，就是「自信」

你會信任破壞約定的朋友嗎？應該不會吧？

明明跟國民約好了，國君卻為了迎合其他國家，屢屢毀壞與國民們的約定……長此以往，你應該不會再信賴這樣的國君。

同樣的道理，一個人要是無法遵守和自己的約定，也會失去對自己的信任。因為就像前面提過的，「對自己的信任」＝「自信」。

無法遵守和自己的約定，根本不可能擁有自信。

自信不是由外在而來。自信是發自內在，位於自己的內心，歷經日積月累才會產生。

「心之王國」若少了穩固的自信，根本無法抬頭挺胸和其他國家進行平等的交流。所以，請先努力遵守和自己的約定，為這個國家打好基礎吧！

經過不斷地練習，你的自信一定會逐步累積。

要是遇到了想做的事、也決定要做，那就拿出勇氣挑戰吧！

如果你是很容易對自己爽約的人，可以先藉由和他人約定，來督促你執行和自己說好的計畫，漸漸把它化為習慣。

第 3 章 重點整理

聽從心的聲音，制定新的規則

無論有沒有勇氣告訴旁人自己真正的想法，都要傾聽內心的聲音。

傾聽國民訴說時，不要辯解與反駁，只要專注地傾聽。

只有聽見國民的心聲，才能找到真正的方向和願景。

找到方向之後，就要開始落實新的規則和法律。

為了達成目標，意象訓練也要包含對於過程的想像。

自信不是來自外在，而是位於內心，必須歷經日積月累才會產生。遵守和自己的約定，就能培養「對自己的信任」＝「自信」。

養成專注於理想方向的習慣，會更容易發現自己想要怎麼做，以及真正想做的事。

第 4 章

肇固心的自由

練習改變，與他人自在共處

斷開糾結，人生不是二選一

故事4　創造幸福的國度

身為國君的公主開始傾聽國民的聲音後，「心之王國」的方針有了一百八十度的巨大轉變。

然而，周邊的鄰國並沒有察覺到。他們仍然像從前一樣，不客氣地要求公主提供糧食或其他支援。在他們心目中，「心之王國」還是那個有求必應的對象。

「我過去的作為，現在終於造成苦果了……」

公主在反省的同時，也煩惱今後該如何應對這樣的局面。

如果直接切斷和其他鄰國的關係，等於讓整個國家陷入封閉狀態。不僅如此，只要一鎖國，各種情報交流及對外的經貿往來也會中斷。

鎖國狀態 真的會幸福嗎？

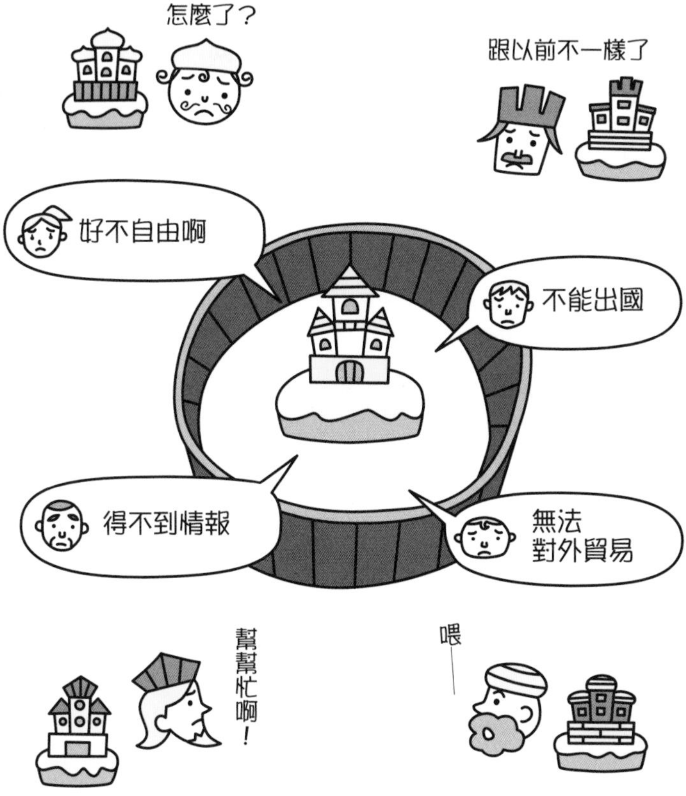

「這樣孤立自己、與全世界隔離，真的會讓這個國家幸福豐饒嗎？」

公主非常猶豫。

她把心中的煩惱告訴了國民，請他們跟自己一起思考對策。

原本國民還激憤地喊著：「第一步就是要和所有國家斷交!!」但一意識到這樣做，自己會無法踏出國門，國內製造的東西賣不出去，外界也將完全中斷對國內的供給，他們也覺得鎖國不但不能解決問題，反而會讓自己陷入不自由的窘境。

考量到國家未來的發展，這絕對不是一個理想的方法。

當大家正苦惱著還有沒有更好的解決方案時，一個年輕人說話了。

「我覺得，這應該不是只有『0或1』這兩種選擇的問題。」

所有的人頓時都看向他。

「這就跟人際關係一樣。」年輕人邊說邊從椅子上站了起來。

「在人際關係裡，你有事找我、我有事麻煩你，這是很正常的吧？在這種時候，有些要求根本不可能做到，有些要求需要一點時間才會做到，有些要求則是在一定的條件下就可以做到。所以，一概拒絕並不能解決問題。我覺得這跟我們與鄰國之間的狀況是一樣的。」

聽到年輕人這麼說，他身旁的婦人也開口了。「你說的沒錯，那種不管三七二十一全都拒絕的人，也會讓人覺得很難相處……」

大家全都點頭贊同，議論了起來。

「就是啊，不要全部接受，也不等於要全部拒絕嘛！」

公主聽大家這麼說，突然心頭一驚。她發現，自己好像一直都是用這種「不是0就是1」的方式在思考事情。

（原來是這樣啊！不見得只有『0或1』這兩種選擇……）

她突然覺得眼前出現了無限的可能性。

做？不做？
好？不好？
可以？不可以？

答案並非
只能二選一

於是公主對大家說道：「我發現自己以前就是一直用『非0即1』、『不是照單全收，就是完全拒絕』的方式在思考。當然，根本做不到的事一定要回絕，但如果可以依照期限、實際狀況量力而為，或是這件事對雙方都有助益、時程上能夠配合，也不見得不能接受。」

在場的國民們紛紛異口同聲地說：「公主，您說的沒錯！」

「我們之前的問題，就是太過忽視自己的狀況了。」

「我們只需要跟鄰國溝通好，自己可以做到的範圍和條件就行了。」

公主不斷點頭，然後接著說：「還有……我從前一直以為，什麼事都必須自己一個人馬上決定，現在我知道不必這樣了。從今以後，只要是外交場合，我都會帶著相關領域的專家參與，和他們一起商議。如果無法當場做出決定，再帶回來和大家討論。

「從前……我只覺得一拒絕鄰國的要求，就會被他們討厭，我也會變成孤零零一個人，所以害怕得不敢拒絕。現在有你們一直在我身邊，我已經不害怕了。我以後所做的選擇，一定都要讓大家更開心、更幸福！」

所有的國民全都鼓掌歡呼，現場洋溢著幸福的笑容。

接著，公主又對國民們說：「一旦我們表達了自己的立場，有些國家或許會繼續跟我們往來，但也有些國家可能就會跟我們斷交了。」

就這樣，以往一直察言觀色在迎合鄰國的公主，宣示從此要為自己國民的幸福而努力。

從此以後，公主完全改變了外交模式。

起初，周邊的鄰國都不當一回事，他們不認為長年一直為鄰國殷勤奉獻的公主會就此改變。不少國家都認為，「反正她撐不了多久，一定又會變回老樣子……」，所以不僅無視於公主的改變，還變得更霸道、更強勢。

雖然自己的作為惹惱了某些鄰國，但公主還是沒有忘記，要時時為自己國民著想的承諾。所以她不會再勉強接受鄰國無理的要求，逼迫國民不眠不休地勞動，而是要全心致力於「讓自己的國民過得更幸福」。

國民得到充分的休息，身心都重拾活力，作物的產量也更多了。因為糧食充足，大家也開始有餘裕從事休閒、注重養生。

即使國內出現了抱怨、反對的意見，這些國民也不會被關進牢裡。因為公主知道，這些意見之中隱藏著改善的可能性，是非常貴重的情報。

「心之王國」成為一個所有人都能暢所欲言的自由國家，大家集思廣益想出了各種前所未見的解決方案，展現超乎意料的驚人力量。

安定強大、舉國富饒的「心之王國」，不再像從前那樣，在意周邊鄰國對自己的看法，也能和他國進行更對等的外交。

除此之外，「心之王國」還開始溫柔地思考，如何讓其他國家也變得幸福，這使他們更受他國愛戴，經濟和外交往來也更為繁盛。

終於，「心之王國」成為了所有國民都笑容洋溢的幸福國家。

〈故事結束〉

心之王國

〈諮商室對話〉

只能選擇「做」還是「不做」嗎？

（哇——「心之王國」也太棒了！真想住在這樣的國家……）這麼覺得的同時，我也想到了自己內心的王國，看來當前的外交情勢不太樂觀……

「這讓我想到了……總是會突然丟工作給我的上司。」

「確實有這種人呢。」

「他老是突然丟工作，或叫我去做別的事，把我的步調全打亂了。」

「那還真是傷腦筋啊。」

「畢竟是上司，我也不敢拒絕，但每次又都很突然，我只能回答：『好……我知道了。』結果我要做的事越來越多，到最後只好加班。」

「這樣啊。那你為什麼每次都會當場答應呢？」

「因為實在太突然了，我都還沒反應過來，就變得好像非做不可……」

「嗯，確實是太突然了。」

「是啊！上司總是冷不防地冒出來，叫我做另一件跟手邊工作無關的事，在我還一頭霧水想著『啊？這是怎麼回事？』，不知道如何回答的時候，他就丟下一句『麻煩明天給我』，然後走了……」

這樣敘述下來，我似乎有點明白，為什麼在我還搞不清楚狀況的當下，這份工作就變成非做不可了。

（原來是這樣……對方趁著我混亂的時候，硬是把工作塞過來了。）

友子心理師一邊聽我說，一邊認真地點頭，然後她稍微停頓了一會兒，看著我嚴肅地說：「我明白了。那麼，你試著思考一下……如果用麻理王國來比喻你上司的蠻橫行為，你覺得大概是什麼樣的狀況？」

「如果上司是鄰國……」「嗯……就是鄰國突然跑來說：『我們需要很多糧食，明天之前都要準備好！』……這樣的感覺吧？」

「就是這樣沒錯。那麼，公主這時候又是什麼狀況呢？」

我彷彿看到了公主目瞪口呆的模樣。

「因為太突然，公主只能愣在那裡，還來不及拒絕就被迫接受了。」

「既然如此，公主應該怎麼做才好？」

「嗯，我想想……或許就像今天討論的，不需要馬上思考YES或NO。一旦開始思考『做』還是『不做』，就會掉進『非0即1』的思考模式，在上司每次突然丟工作過來時，陷入難以拒絕的困境。」

「就是啊。那麼，如果不是去思考『做』還是『不做』……？」

我想起「心之王國」的故事，其實是……

「忽視自己國家當前的處境及問題，是造成國家滅亡的原因。」

「沒錯。」

「所以，可以先確認自己的時程表再回答，或是按照自己能配合的時間和程度來處理……」

為什麼每次都無法拒絕？

「沒錯沒錯。要是不這樣做，就等於放任鄰國對自己為所欲為。」

（真糟糕，我現在就是又回到了任鄰國對自己為所欲為的狀態……）

我的眼前浮現了精疲力竭的國民們。

（明明我都知道，為什麼就是做不到……）

看我沮喪地低下頭，友子心理師說：「剛才你說，是因為太突然而不知道該怎麼回答，結果就變成非做不可了，是嗎？」

「是的……」

「那我們就事先決定好，『當別人提出無理要求時，自己就這麼說』，如何？因為對方總是趁你混亂失措的時候，硬是逼你接下要求，如果你事先想好該怎麼說，或許就能拿回一點主導權。」

「對耶，說的也是！」

「那麼，該怎麼說才好呢？」

〈諮商結束〉

★ 周遭的人們當然不會改變

決定好自己國家的方針及規則之後，許多人接著要面對的，就是旁人的反應。即使是我的學生和患者，一開始也會碰到這樣的狀況——「雖然已經決定改變，但周遭的人還是像以前那樣對待自己，該怎麼辦才好？」

之所以會如此，可能是你的變化讓他們產生困惑了。

要改變畢竟是自己個人的決定，所以最容易在初始階段受挫，於是覺得這樣果然行不通，最後又回到原點。

舉例來說，公司裡的某個同事有他自己固定的行為模式，你勢必會產生「他就是這個樣子」的印象。如果那個人突然做出前所未有的舉動，任誰都會覺得奇怪。

由此可知，周遭人們的刻板印象是不會因為你的改變而馬上消失的。

換句話說，你過去的外交表現就是給鄰國這樣的印象，這種模式已行之有年，如今你卻在未曾告知的情況下就突然自行調整方針，其他鄰國又怎麼會知道呢？

所以，他們當然會用原來的方式對待你。

這跟對方是不是惡意無關，他們只是「以為你還是過去那樣的人，所以用原來的方式對待你」。

當你有一天突然說出或做出不同於以往的事，基於過去所累積的實際經驗，對方只會覺得「你今天好像有點奇怪……？」並不會馬上接受你的改變。

當自己鼓起勇氣做出改變，身邊的人卻不能馬上理解，那種沮喪的心情很容易讓人退縮、放棄。所以首先要記得的是，即使自己改變了，但如果「沒有把這個訊息好好傳達給周遭的人，他們的反應自然會跟以前一樣」。

看到周遭的人們還是出現相同的反應，就在心裡糾結著「要繼續嗎……還是放棄……」、「雖然想改變，但真能成功嗎？……」，這就如同「心之王國」出現了意見對立的兩大勢力，A的方針（繼續）與B的方針（放棄）陷入激烈交戰的內亂狀態。

當國家陷入嚴重的內亂，外交情勢會是穩定還是動盪呢？

當然是動盪吧！

因此，一旦決定要改變，第一步就是自己國內要統一陣線，拿出行動的勇氣向前邁進。

確立好本國的方針後，接著就要展開「昭告天下」的艱辛大業了。

★用點小撇步，有效傳達本國的方針

當自己的國家決定了新的方針及規則，要怎麼告知周遭的人們呢？許多人都為此深感苦惱。

隨著告知對象的不同，傳達方式也多少會有些差異。

如果是家人、親朋好友或伴侶等關係親近、應該能夠理解你的人，最好的方法就是坦誠地告訴他們，「自己決定做出這種改變」的理由和原委。若是沒有任何解釋，就單方面突兀地告知「明天開始要這樣做」，對方也會覺得莫名其妙，不知該如何回應。

因此，不妨把自己想要改變的理由，像是「曾經有過這種糟糕的經驗」或「之前因為承受壓力而把身體搞壞，現在想更珍惜自己」等全都說出來，讓對方好好理解，再表示「所以決定今後要這樣做」。

此外，也可以闡述自己目前的心境，例如「雖然已經決定要改變，但因為還不習慣，做些什麼的時候總是會忐忑不安」，讓對方與自己產生共鳴，更容易獲得他們的聲援。

這就如同我們看見決定挑戰新事物的朋友「因為還不習慣，很緊張自己能否做到」，就會想要加油支持一樣。

或者，也可以和對方分享自己練習的過程，告訴他們：「為了能習慣今後的新方針，我接下來要進行這些練習，要是說出（做出）什麼跟以往不同的事，請當成新手上路，多多包涵！」對方會更容易接受你的改變。

對親近的人，這樣說才清楚

很多時候，周遭的人們會覺得困惑，「不知道該如何回應你的改變」。畢竟你「丟出了過去從未丟過的球」，大家也只好「被迫接下過去從未接過的球」。

因為太過突然，他們不知所措，第一時間可能會出現異常的反應，讓你覺得受傷，或讓彼此變得話不投機。這個時候，你可以具體地告訴對方「希望他們如何反應」，對方也會輕鬆一些。

不過經常出現的狀況是，當事人只說了一句「希望大家不要介意」，反而讓事情變得更加複雜。

就像第3章提過的「要小心喔」那句話，只是說「不要介意」，對方還是弄不懂不要介意什麼、自己又該怎麼做，這樣的指示太過模糊。

由於被指示「不要介意」，對方可能會無視於你改變的言行，讓你以為對方刻意忽略或漠不關心，導致彼此產生誤會。

還有些人可能會想，既然被特意叮囑過「不要介意」，自己又不知道該如何回應，乾脆就保持沉默，結果又被誤以為在生氣……「怎樣叫做『不介意』？對方希望的『不介意』又是什麼？」每個人的想法都各有差異。

因此，就像前面所說的，要主動、明確地告知對方，「我接下來要進行這些練習，請當成新手上路，多多包涵」，一旦周遭的人們看見你表現出前所未有的模樣時，就會了然於心，「啊，這就是那個練習呀！」

對於親近的人，要避免使用「不要介意喔」這種籠統的說法，而是要確切地讓他們知道「看到這個狀況時，請這樣理解」。如此一來，周遭的人們才會順利地接受你的改變。

（但是，絕對禁止下達「如果我這樣說，你一定要說YES」的指示，擅自替對方決定要說YES或NO，剝奪對方對於答案的選擇權。）

如果是職場裡的同事，也同樣要明確地告知，像是自己最近因為身體不太好，或是開始進修新事物等，所以「每週有一天必須準時下班」，向大家清楚說明「今後決定要做的事」。

你覺得自己一個小時值多少錢？

只要周邊鄰國一說「我國糧食不足，請求貴國協助」，即使國民已經疲累不堪，仍然逼迫他們日夜勞動，完全無視自己國家的處境，這就等於為了鄰國而奴役自己的國民。

如果自己無法決定自己的價值，只能依靠「別人怎麼看我」來決定，就很容易過度迎合別人，而透支自己的時間。

當我詢問：「你覺得自己一個小時值多少錢？」有非常多的人都會以別人付給他們的時薪，來認定自己的時間價值。

很多人說自己一個小時的價值大約是一千到一千五百日圓，還有全職主婦苦惱了很久，「欸……我也不知道自己價值多少耶……」，最後決定自己只值兩百日圓。

為了讓家人過著舒適的生活，幾乎一年三百六十五天日夜無休，做著這麼有價值的工作，卻對自己的價值毫無自信。

在你的心中有一個王國，你是那個王國的公主，而另一個你，則是那個王國的國民。身為公主的你，有義務讓另一個自己幸福。什麼事情才值得舉國付出努力，不是由周邊鄰國來決定，而是由你自己決定。

所有活著的「時間」，都是我們的「生命」。沒有了時間，生命也就此終結。生命存在的時間，即使僅有短短一小時，只要過去了，就算花上一億元也買不回來。況且，誰也不知道自己能活到什麼時候。

「讓周邊鄰國決定自己國家的價值」，就是「依靠別人的評價來決定自己生命的價值」。帶著這種想法，就會為了獲得良好的評價，無意識地迎合周邊鄰國。但是，只有國民才有資格評價自己國家的領導人，而不是周邊鄰國。因此，請努力找出自己的時間價值吧！

配合對方，改變「形式」與「時機」

如果是同事，或許只要在相約吃午餐時，跟對方說聲「其實我想要……」就行了。至於上司，有時候可能需要更明確的表達，因此可以請問對方能否在「這週內撥出一點時間」，然後正式和對方討論。

若是想讓對方更清楚地理解，與其在閒聊中提出自己的想法，最好還是安排一個正式的場合來表達比較妥當。

當然，上司一聽到你說「希望找個時間好好談」，可能會緊張地誤以為你「是不是想辭職？」，但是這也剛好能讓上司了解你的決心，讓他們對你之後提出的決定更加印象深刻。

因此，請依照對方的情況來判斷，是要「在正式的場合告知」，還是「在閒聊中提及」。

如果已經在閒聊中向家人或旁人提過自己的決定，卻感覺對方完全沒放在心上，最好立刻找個時間「再次正式告知對方」，才不會事倍功半。

即使對方是伴侶或孩子，同樣可以「另外找個時間，在外面聊一聊」，這會讓對方關注「到底發生了什麼事」，也會更專心地傾聽你說話。

這就像國家在從事外交時，也需要營造一個讓對方認真傾聽自己意見的情境，對方才會慎重以對。

★事先思考，會有哪些不順利

即使已經「昭告天下」，但難免還是會有不習慣的人、不知道該如何回應的人，出現各種突發狀況……你可能會失望地覺得「怎麼會這樣……」，也可能滿心疑惑「這是為什麼呢？」但這樣的狀態，也代表你走上了正確的道路。

第3章曾經提過，只有想像目標完成的那一刻，卻沒有「仔細思考達成目標之前的艱辛過程」，往往會導致失敗；若是先透過想像努力克服難關，反而會讓自己更接近目標。

首先，試著預想會有哪些不順利，然後盡可能列舉出來。

不這樣做，當我們碰上投手投出意料之外的球路，就很難打出好球。

雖說是意料之外，但只要回顧過去的經驗，很可能就會得到提醒——「從前出過這種事，或許以後會再發生也說不定？」

以麻理來說，她可以將上司突然丟工作過來、或叫她去做別的事，害她不得不加班等曾經遇到的狀況，也就是不敢拒絕只好勉強自己，或是來不及拒絕就被迫接受，不知道要如何因應的問題……全都列舉出來。

從國家的角度來看，原本應該表明國內「沒有多餘的糧食可以援助」，卻還是在對方好說歹說下給了出去，就是可以列舉的狀況之一。

列舉出這些預設狀況，就能針對問題「擬定對策、做好準備」。

如果每次遇到意外都不知所措，只好對方說什麼就做什麼，很難維持良好的外交互動，最後只能任由對方予取予求。

為了保護國民，身為國君的你必須事先設想，「什麼情況下會遭到鄰國逼迫？對方可能會提出何種要求？」然後制定好「各種狀況的因應對策」。

人際互動也適用「若則計畫法」

身為國君的你·是不是正在絞盡腦汁思考，要如何因應鄰國各種蠻橫無理的要求呢？這時就可以利用第3章提過的「若則計畫法」，來制定外交版的「A發生，就做B」策略，幫助自己順利應對各種麻煩的問題。

如果之前已列舉出自己曾遭遇的無理要求，或者無法說NO、來不及拒絕就被迫接受，還是太過突然而不知所措的狀況，這些就是「A發生，就做B」當中的「A」。

到目前為止，所有的B都是「不得不接受」，因此現在就是要去思考其他的應對方式，將它們列在B的選項裡。

這時思考「B」要怎麼做的重點，是不去想「要不要」或「能不能」，也就是避免陷入「非0即1」的思考模式。

我經常會用以下的案例來說明：

「有人向我提出（尤其不是很想去的）邀約，我卻總是說不出NO。」

A「有人提出邀約」

B這樣回答：「等我確認一下行程，再跟你聯絡！」

之後，就是私下去傾聽國民的聲音。如果覺得有趣，自己也想去，時間若能配合當然就答應；要是時間允許，國民卻提出「還有其他更優先的事」、「最近很累想休息」的意見，那就以「雖然想去，但剛好有事」婉拒。

有些人可能會因此產生罪惡感，但「身為國君，卻無視國民的聲音，只顧著迎合鄰國的要求」（無視自己的心），也同樣會讓人心生愧疚，最後變成自我厭惡。要理解的是，不是與他人的約定才是「約定」，跟自己國民的約定也是約定，所以當然能以國民為優先。

只不過，「自己有權拒絕」不等於「可以隨性臨時放鴿子」。雖然有時可能是勉為其難才答應，但也不應該拿「自己有權拒絕」或是「要誠實面對自己」當擋箭牌，突然在前一天或當天取消約定，給別人造成負擔。很多人在剛開始挑戰「誠實面對自己」時，會無意間犯下這種錯誤。如果要拒絕，那就「盡早告訴對方」，不要拖到最後。

此外，也不是只有「參加」或「不參加」這兩種選擇。有時如果只是想參與一下，那就附加上「到幾點之前可以」的條件，讓自己在沒有負擔的範圍內享受樂趣。

尊重他人的感受、守護自己的國民，兩者都是不可忽視的。

不必當下決定，先保住主導權

如果是「可以說NO」的狀況，當然是想拒絕就拒絕；然而，也有很多情況會類似「上司提出的要求，不是想拒絕就能拒絕」。

遇到這種狀況，不必急著煩惱應該回答YES或NO，而是要事先做好練習，「不直接回答YES或NO」。

就像前面提過的回應——「等我確認一下行程，再跟你聯絡」，先為自己爭取一點時間，私底下再慢慢考慮。

以「若則計畫法」的「A發生，就做B」來表現，那就是：

A 突然有人把工作丟過來，說「希望明天之前完成」。

B 回答「等我確認一下工作時程，再告訴您」。

也就是說，身為國君的你，首要的考量是「自己國家的處境和時間」，必須將其視為交涉時的優先事項。

也因此，你要練習在當下無法決定的時候，一概給出能讓自己保有主導權的制式化回應。

以國家來說，就是公主不當場立即做出承諾，而是先將問題帶回自己的國家，衡量狀況並與國民一起商討。

如此一來，當然就不可能發生「自己國家糧食欠收、國民生活困頓，卻還答應把糧食送給鄰國」這等不可理喻的事。

要是像公主之前那樣，總是一口答應鄰國需索糧食的要求，而無理地奴役國民，最後只會讓國家毀滅而已。

不過，也有些狀況不是那麼緊迫，而是「在特定條件下或許可以進行的交易」，這時也不要只回答YES，而是要練習直接提出條件，劃定出自己「只能做到什麼時候、何種程度」的範圍，以這樣的方式來交涉。

若真的無法拒絕，或是對方實在太咄咄逼人，也不要自己一個人（單一國家）孤軍奮戰，可以「藉由多元的力量（鄰國的力量）克服難關」，這也是外交上必備的重要技巧。

借助鄰國的力量解決問題

你所承擔的一切已超過自己的極限，周遭的人們卻還是不停提出要求。不過，當你想著拒絕會讓對方很困擾，因而勉為其難準備答應時，可以試著找出「不是你也能做的部分」，然後將它分攤出去。

同心協力、互助合作是日本人的優點，才能在大地震發生時沒有引發暴動，順利度過難關。同樣地，在日常生活中，當狀況超出自己的負荷，也可以向外求助。如果總是堅持獨自解決問題，會過得非常辛苦。

例如，如果知道什麼人或哪裡有相關資料或解決方案，可以提醒對方：「我記得○○對這方面更熟悉，要不要去那裡問問？」為了遠大的目標，與鄰國互相合作或共同分攤，也未嘗不可。

提前公開告知，是制衡的妙方

就像開店一樣，如果店家提前數週或一個月貼出公告說明：「這段期間因私務休息」，即使屆時沒有營業，也不會有人抱怨。

明明已經提前那麼久公告了，結果還是有人跑來敲店門喊著：「給我開門！本大爺要買東西！」周遭的人看到會怎麼想呢？

我們一定會覺得，「店家早就說過要休息了……那個人是怎麼回事？奧客嗎？」就像這樣，想針對大家早就知道的事找麻煩，對大多數的人來說，可是需要某種程度的勇氣。

換成在公司裡，如果提前告訴很多人「自己有這樣的計畫」，而不是只有一對一地透露，就能獲得如前所述的效果。

當然，不是只能以口頭告知，用 email 也可以（好處是不管別人記不記得，至少可以留底證明）。

舉例來說，可以提前一個月寄 email 給部門的同事和其他有業務往來的人，告知他們「自己某一段時間要休假」，然後在休假兩週前再次提醒：「先前通知過大家，我哪天之後就不在公司，如果有需要提前處理的事，請在本週內聯絡。」

因為那麼早就已經提前通知，大多數的人會因此受到牽制，不管有什麼想法，都不敢在你休假前找麻煩或臨時再丟工作。即使真有人這麼白目，周遭的人也會提醒「你很早就通知大家了」來出聲力挺，讓對方把不合理的委託交給別人，你也更容易拒絕過分的要求。

也就是說，如果身邊有這種蠻橫強勢的人，「提前（為了不連累身邊其他人）公開告知」可以成為不小的牽制，記得善用這個方法。

如果是不可抗力的突發狀況，例如「因為工作調整失誤，明知道你要休假，還是只能請求幫忙」，硬著頭皮去處理還可以理解；但要是每次都因為對方而必須臨時收拾善後，最後倒下的會是你的國民，也就是另一個你。

當你總是逆來順受，周遭強勢的國家就會認定可以一再這樣對待你，甚至更加得寸進尺。

以國家來說，這就是明明早已宣告「自己的國家何時糧食欠收」，但還是有國家侵門踏戶硬闖領地，逼你「交出糧食！」。像這樣的人，你可能就必須慎重考慮是否要繼續往來。

增加邦交國，獲得支援和鼓勵

所謂的外交不只存在於兩國之間，也有些部分關乎多個國家，需要取得各方的平衡。因此，增加支持自己的邦交國，讓對方參與其中，提供意見、表態力挺或是給予援助，也是一種手段。

例如，日本在帶薪特休的使用率上，一直是已開發國家中倒數前兩名。我的學生及患者當中，也有許多人不敢申請帶薪特休。

如果是「生病」或「服喪」這種正大光明的原因，自然不用煩惱，但若是大家都默認「不太能算是請假理由」的理由，就會很難開口。像是為了休閒旅遊、個人興趣或私下進修，即使明知道是自己的權利，也不是做什麼壞事，偏偏就是難以啟齒。

不過，如果平時就經常開心地跟身邊的人分享自己的興趣或想做的事，讓大家知道你有多期待這件事，也理解它對你的重要性，有許多人是會願意聲援、支持的。

比方說，你很想參加夏威夷國際馬拉松大賽。於是，你提前半年到一年就告知同事及上司，自己要去夏威夷參賽，並且每天都跟大家分享練跑的進度，屆時一定會獲得大多數人的支持。

我也有一個學生「覺得父母年齡越來越大，想帶他們去海外旅行」，但是這至少需要請假四～七天，所以他一直不敢申請特休，遲遲無法如願。

像這樣的狀況，可以在平常閒聊時提出自己「想帶父母到海外做孝親旅行」，然後詢問公司的同事或主管有沒有什麼建議。如果還沒決定好要去哪個國家，這時剛好順便蒐集資訊，或者也可以提問：「父母想去夏威夷，大家覺得哪個島比較好？有沒有推薦的景點？」

提前向旁人徵詢建議，不但可集思廣益，在決定地點和行程的過程中，周遭的人們也能獲得參與感，更願意聲援這個計畫。

換個立場思考，就很容易理解——當身邊有人問你「想帶父母或祖父母去旅行，有沒有推薦的地方」、「想要出國旅行，覺得哪裡比較好」，你熱心地幫忙規劃行程，對方也採納了不少意見，當他終於要執行計畫了，你也會替對方感到高興，對吧？

不過，之後銷假回公司，一定要記得跟對方分享「旅行的過程與感想」。我的學生後來就用這個方法順利帶父母完成海外旅行，聽了他分享的心得，讓我也跟著感到欣慰和幸福。

當越來越多人發現「有人會請帶薪特休去做想做的事」，原本「因為別人都沒請，自己也不敢請」的人，或許也能不再煩惱，敢正大光明行使自己的權利。

★藉由和別人的約定來督促自己

第3章提過，越是在意周遭想法的人，越容易破壞和自己的約定（自己決定要做的事），但是這種人偏偏又會死守與他人的約定，時刻不肯鬆懈。

這種總是把自己放一邊的人，若想要做出改變「往前邁進」，最適合的方式就是跟別人做好約定或一起執行計畫，才比較容易實現自己的目標。

比方說，原本計畫要去進修以提升工作能力，或是想為了健康去運動，但是自己一個人很難持續……這時可以試著申請體驗課程。這種課程通常需要預約，由於必須跟他人約定，就能督促自己履行計畫。

去健身房也是一樣，如果只想著方便時再去，很容易怠惰而破壞和自己的約定；但要是請了個人教練，約好一個月指導一次，因為是跟別人約定，就比較容易鞭策自己努力。

若是想維護健康或美容保養，定期去做身體按摩或上美髮沙龍，最好在結束時預約好下一次的時間，養成固定的習慣。遇到突發狀況真的去不成，也必須重新預約，一定要讓自己履行約定。

若是已經跟別人約好，原本想操控你、逼你就範去做其他事的人也會因為「牽涉到別人」，不好意思太過勉強你。

總之，如果你很容易因為旁人而對自己爽約，就要善用自己總是嚴守與他人約定的這種個性，努力遵守和自己的約定（自己決定的事、想做的事）。

對內統一陣線，對外才能立場堅定

當自己的國家改變政策時，必須運用各種方法讓周邊鄰國理解，這是非常重要的事。

畢竟，只有你單方面知道自己改變了，但對方並不了解這一切發展的來龍去脈，於是就會面臨先前提過的狀況——「自己想要改變，周遭的人卻無法立刻接受」。這種不被理解的處境會讓人覺得受傷、沮喪，很容易就此半途而廢。

大多數的人都會用「非黑即白」或者「要是沒有馬上變白，根本撐不下去！」的角度，去看待對方的反應，一旦遭遇了負面回應，就立刻準備關上心房。之所以會如此，雖然也不難理解，但這很容易使自己陷入不是遭受侵略就是自閉鎖國的極端狀態。

太過在乎他人的意見，從國家的角度來說，就是讓其他國家過度干涉本國內政，等到自己疲於奔命、無力應對，就會厭煩對方的介入而直接鎖國。這樣反覆地惡性循環，國家是很難富足、安定的。

自己的國家會那麼容易受他國牽制、影響，主要原因就在於「全國沒有統一陣線」。

國家缺乏確切的方針及規則，國民對國家也沒有向心力，所以很容易在外交上對他國屈服。加上又必須不斷滿足外需，導致自己的國家疲憊困頓，在反彈之下便直接鎖國。

但即使鎖國了，國內仍然處於分崩離析的狀態，片刻不得安寧。持續的內亂會讓人心浮氣躁，只有自己的國家團結一心，確立堅實的方針，才能開始建立穩固、平等的外交。

人生不是非黑即白，而是溫柔的粉彩

一般來說，想改變舊有的關係模式，通常需要一段相當的時間，因為人與人之間的關係多半出自長年的累積。因此，若太過執著於馬上要得到「對方能否接受」的回應，便會對外交互動感到厭倦。

舉例來說，要是日本改變了外交政策與方針，周邊國家也不可能立刻就拍手叫好、大力支持。

自己的國家改變了，但周邊的鄰國不會就這樣同步跟著改變。

就像某天你的另一伴突然說要改變什麼，而且要求你「必須立刻接受，不然就覺得被全盤否定」，不管是誰都會感到困惑吧？畢竟，每個人都有自己的步調，接受改變的適應能力都不相同。

你在改變的時候，會需要反覆練習、逐漸適應，同樣地，周遭的人們為了接受全新的你，當然也需要練習和適應的時間。要記得對方跟自己一樣，都只是普通人。

「非黑即白」、「不是0就是1」的思考模式，終究會演變成極端的鎖國狀態，或是被他國支配、侵略的局面，形成病態的外交關係。

所以，不要堅持非黑即白，最好保留安全的灰色地帶。

只不過……每次一說到灰色地帶，大家雖然會露出理解的表情，但可能因為灰色是不太討喜的顏色吧，那種理解總帶著無可奈何的感覺（笑）。

因此，我每次在講座中都會改用這樣的說法——「不是非白即紅，而是粉紅」。

我們的人生，其實大多數時候都不是白色、也不是紅色，而是粉紅色。

當我用「如何讓人生變得更粉紅」、「如何品味粉紅色空間，是豐富人生的重要關鍵」來舉例，大家頭上彷彿都冒出了粉紅泡泡，開始微笑起來。

既然已經有「色彩心理學」這種正式的學說，可想而知色彩對於心靈會造成多大的影響。從這個角度來看，你可以用所有喜歡的粉彩，來描述自己的人生。

不喜歡粉紅色的人，可以用「我的人生不是非白即藍，而是水藍」，或是「不是非白即綠，而是粉綠」來形容。

你喜歡什麼顏色呢？

希望你腦中浮現的是溫柔的粉彩色。

那就是最適合你的顏色。

要記得，外交互動不是對立的黑白或紅白，而是溫柔的粉彩（pastel color）。

如何面對堅持己見的強勢者？

如果你這裡冒著粉彩色的泡泡，但對方卻是「非黑即白」的思考模式，這時候該怎麼辦呢？

堅持自己才是對的，逼迫別人聽從自己的意見——很多人身邊都有這種令人困擾的朋友或同事，他們的腦中就只有對與錯、善與惡，也就是非黑即白的思考模式。

像這種堅持己見的人，也會要求對方給出非黑即白的答案；當他們主張「就是這樣吧？」，只要對方的反應稍慢了一拍，他們就會步步進逼。

對他們來說，自己的意見是「正確的」或是「為對方著想」；但對另一方來說，只是被迫要接受這個人的價值觀。

遇到這種狀況時，不需要回答YES或NO，只要這樣反應就好——

「原來也可以這樣想啊～」

「原來也可以這樣想啊～」這句話既不代表「自己也這樣想」，也沒有直接否定「我不這麼認為！」。

不必說謊去迎合對方的意見，也不需要反駁跟對方糾纏，只要點頭表示理解，認同世上原來也有這樣的觀點。

當你表現出「原來如此，也可以這樣想啊～」的理解態度時，對方也會覺得受到尊重。

持平看待所有的意見，把它們都當成「這世上獨一無二的想法來尊重」，或是「這世上獨一無二（與自己完全不同）的想法來敬佩」吧！

要是被蠻橫的國家纏上，那就麻煩了

世界上有各式各樣的國家，你的身邊也有各種類型的人。

雖然每個人都希望周遭全是自己喜歡的國家，但既然是外交，就免不了要應付形形色色的人們。這時就需要思考「自己想跟什麼樣的國家交好」，然後定出優先順序。

世界上的每一個國家，都有與自己關係良好的邦交國，也有交情不怎麼樣的對立國。如果外交上需要思量「該如何與對立國抗衡」，我們也必須考慮「要怎麼與對立者相處」或「應該保持什麼樣的距離」。

如果是實際上的國家，畢竟地理位置是固定的，也會受到各種限制，但人與人之間卻是流動的關係。

若是不小心被喜歡干涉他國內政的蠻橫國家纏上，會陷入十分麻煩的外交處境，人際關係也是一樣。

不同於無法移動的國家，人可以活動，只要改變所在的場所，有時就不需要再維持跟對方的關係。

雖然人與人之間也有「親子」這種永遠無法斷絕的關係，但關係無法斷絕，距離卻可以改變，只要拉開物理上的距離，就能減少對方的影響。

國與國之間需要考慮「想和哪個國家建立深刻的關係」、「與每個國家該保持怎樣的距離」，人與人之間也同樣需要思量「想和什麼樣的人相處」、「與每個人該保持怎樣的距離」，安排好優先順序。

這樣一來，如果自己總是在迎合優先順序最低的國家，還讓國民累得倒下……無論從哪個角度來看都很奇怪吧？自己寶貴的時間和資源，當然要保留給想要建立深刻關係、優先順序排在前面的國家，這樣的外交也才會讓人樂在其中。

人際關係也要有優先順序

想和什麼樣的國家（人）建立關係？

- 尊重彼此的意見
- 可以對話、交流
- 願意肯定、接納各種想法

想和什麼樣的國家（人）保持距離？

- 強迫別人接受自己的主張
- 拒絕溝通、不聽別人說話
- 能量吸血鬼、自私自利

永遠都要以本國國民為優先！

我們的心靈隨時都在進化成長，所以建造國家的腳步永遠不會停歇，與他國的外交也會一直持續。因此，我們用何種方式與外界連結，會對整個國家的豐饒，也就是內心的豐饒，有著深刻、長遠的影響。

此外，周邊的鄰國也有可能出現奇怪的舉動。

當鄰國變得蠻橫無理，身為公主的你，必須有能力守護自己的國民，也就是守護你自己。

無論何時，最重要的就是讓「心之王國」的國民常保笑容，這也是身為公主的你，要堅持貫徹的任務。

周邊的鄰國不會為你帶來幸福，只有自己的國家站穩腳步，和每個國家建立平等、自由的外交，才能鞏固國家的幸福。

個性溫和的人，很容易為了周遭的人們，把自己內心的需求一直往後擱置，還沒來得及表達自己的想法，就被迫要去迎合對方。

但是，「尊重對方」與「不給人添麻煩」，不等於要對他人言聽計從。

你更應該認真治理自己的國家，隨時傾聽國民的意見。

因為，全世界只有你能掌握自己國民（另一個自己）的現狀，並且傾聽他們的想法。

煩惱的時候，首先要探察內心的狀態，優先考量自己內心的安定。

許多人都會跳過這個部分，直接尋求「外交的交涉技巧」（與他人順利相處的方法），但要是自己國內都處於分崩離析的狀態，外交當然也會動盪不安。

缺乏安定的「軸心」，就很容易隨波逐流。溝通確實需要技巧，但也是最枝微末節的部分。一個安定的國家，才是最重要的基礎。

再怎麼努力學習「溫柔待人」、「愉快溝通」的技巧，如果自己的內心始終浮動、焦躁，也不會覺得滿足和充實。

反過來說，如果自己的狀況良好，也會影響與旁人的關係。

當自己處於安定、滿足的狀態，就能為周遭的人們提供更多幫助，說話也會溫柔親切，隨時笑容滿面，自然討人喜歡，也不會陷入自我厭惡。

愛自己的國家，在實質的意義上，也是能為周遭貢獻力量的基礎。

想要使自己的國家變得豐饒，讓住在內心的國民「時時保持笑容」，並且為周遭的人們貢獻力量，首先就要珍惜自己。

第 4 章 重點整理

不只是自己，對方也要幸福

- 遭受侵略和自閉鎖國，兩者都無法讓國家豐饒。
- 放下「做／不做」、「好／壞」及「能／不能」的「二選一」思考模式，將開闢出新的道路。
- 自己的國家會那麼容易受他國影響，是因為「國內意見紛歧，無法統一陣線」。
- 決定好本國方針後，要具體地告知周邊鄰國。若沒有確實傳達，鄰國就會繼續用原來的方式對待自己。
- 即使鄰國沒有隨著自己的步調改變，也不必焦急。
- 你的心中有一個王國，你就是引領國民走向幸福的領袖。無論面臨何種外交情勢，都要以自己的國民為優先，傾聽他們的意見！
- 創造富足豐饒的國家，讓自己與他人一起邁向幸福。

結語

真心地愛自己，也就是拯救這個世界

聽完這個存在於所有人內心的「心之王國」的故事，你有什麼感覺呢？

從事心理諮商工作，常會接收到各種與心靈相關的疑問，而大多數人最為煩惱的問題，就是「怎麼愛自己」、「如何傾聽內心的聲音」。

人們常自以為了解自己的內心，其實並非如此。

然而，置身在這個資訊社會，如果不了解自己的內心，也不清楚現在的自己需要什麼、缺乏什麼，就會被五花八門的情報所支配。這就像是不清楚自己的英語程度，也不懂該補強什麼，就盲目地對眼前的教材囫圇吞棗，這樣學習是不可能提升英語能力的。同樣地，了解自己的內心正處於哪個階段，需要什麼、缺乏什麼，是非常重要的事。如果無法掌握最根本的狀態，不管之後如何改變，自己都很難產生實際的認同感。

我時時都在摸索，如何將這種看不見的「內心狀態和運作過程」傳達出來，直到我開始運用知名精神科醫師、「現代催眠之父」米爾頓・艾瑞克森（Milton Hyland Erickson）[1]的「隱喻」（metaphor）[2]技巧，學生及患者都有理想的反應，我的「隱喻諮商療法」才因此進化成形。除了「心之王國」，我也使用過動物、暴走族、無人島、親子及學校等各種能讓對方感同身受的比喻，一旦這些「隱喻」引起對方的共鳴，就能一口氣加深他們對自己的理解。

從過去眾多的諮商案例中，我彙整了各種經常被問到的問題、曾見過的反應，以及過程中發生的狀況，創造了這個「心之王國」的寓言。

我的「心之王國」也曾遭遇嚴重的叛亂，讓我整個人崩潰到完全反常。我花了很長的時間，才終於理解自己當時「發生了什麼事」，又是「為什麼會變成那樣」。就是因為曾經嚴厲壓抑國民的聲音，以致迷失了自己，我才能藉由這樣的經驗，發覺並理解大家現在的處境，以及當下面臨的各種掙扎。

在本書中，我將心靈改變的過程分成四大階段，讓大家更容易理解「自己現在在哪裡？處於什麼狀態？可以做什麼？不能做什麼？」如果這個王國的寓言能為各位「理解內心」的過程提供些許幫助，就是我的榮幸。

最後，我要向努力陪伴我找到前所未見的有趣手法，並反覆思索最佳解決方案，讓這本書得以問世的大和出版同仁們，在背後默默支持我並提供各種協助的另一伴，以及有緣讀到這裡的你們，獻上最深的感謝。

「心之王國」的發展永遠不會結束，而且只有你可以領導自己的「心之王國」。當自己的國家富足了，自然能為周遭貢獻更多力量，就像源源不絕的泉水會瀰漫到周圍。真心地愛自己，也就是拯救這個世界。讓世界充滿愛，你的王國也會更加豐饒、富足。

---

1 編註：艾瑞克森被尊稱為二十世紀的首席心理治療師，是醫療催眠、家庭治療及短期策略心理治療的頂尖權威，在潛意識操作方面的研究與實務成就極具開創性。

2 編註：「隱喻」是常見的諮商治療方法，當患者聽到一個與自己的問題無關，結構上卻相似的事件時，會以自我參照的方式理解，並代入其中探索自己的問題。

Soulmate 07

與其急著讀空氣，不如先讀懂自己的心

———運用「故事」心理學，找回愛自己的正確方法、走出被操控的人際困境

作者 —— 奧茲友子
譯者 —— 楊詠婷
插畫 —— よしだみぼ

責任編輯 —— 郭玢玢
協力編輯 —— 張志華
美術構成 —— 耶麗米工作室

總編輯 —— 郭玢玢
社長 —— 郭重興
發行人兼出版總監 —— 曾大福
出版 —— 仲間出版／遠足文化事業股份有限公司
發行 —— 遠足文化事業股份有限公司
地址 —— 231 新北市新店區民權路 108-1 號 8 樓
電話 ——（02）2218-1417
傳真 ——（02）8667-2166
客服專線 —— 0800-221-029
電子信箱 —— service@bookrep.com.tw
網站 —— www.bookrep.com.tw
劃撥帳號 —— 19504465 遠足文化事業股份有限公司

印製 —— 通南彩印股份有限公司
法律顧問 —— 華洋法律事務所 蘇文生律師

定價 —— 320 元
初版一刷 —— 2020 年 4 月
初版二刷 —— 2020 年 5 月

STORY DE WAKARU! TANIN NI FURIMAWASARENAI SHINRIGAKU

Illustrations by Mibo YOSHIDA
First original Japanese edition published by Daiwashuppan, Inc., Japan.
Traditional Chinese translation rights arranged with PHP Institute, Inc.
through AMANN CO,. LTD

國家圖書館出版品預行編目（CIP）資料

與其急著讀空氣，不如先讀懂自己的心
——運用「故事」心理學，找回愛自己的正確方法、
走出被操控的人際困境

奧茲友子著；楊詠婷譯／
-- 初版 . -- 新北市：仲間出版：遠足文化發行，
2020.4　面；　公分 . --（Soulmate；7）

ISBN　978-986-98920-0-1（平裝）

1. 人際關係　2. 自我肯定

177.3　109002981